島田哲夫

スポーツ哲学入門

オリンピック・レガシーのために

論創社

はじめに

いよいよ「東京二〇二〇オリンピック・パラリンピック」の開催が二年後に迫ってきた。両大会を成功させるために大会組織委員会、東京都、日本オリンピック委員会（JOC）、日本パラリンピック委員会（JPC）、国際オリンピック委員会（IOC）、国際パラリンピック委員会（IPC）等、大会開催に関わるすべての関係者が日々奮闘されていることと思う。大会が成功することを願っている。

IOCは二〇〇二年の総会において、「オリンピック憲章」に〝レガシー〟（LEGACY）という言葉を初めて追加し、その後、二〇一二年オリンピック・パラリンピック競技大会への立候補与件として〝レガシー〟計画の提案を強く求めた。そして二〇一三年には、〝レガシー〟の概念を明確にした「OLYMPIC　LEGACY」を発表した。

それら一連の〝レガシー〟概念の導入と発表の背後には、IOCが抱く大きな危機感があった。大会開催都市を巡る度重なるIOC委員への贈収賄事件の発生とIOC総体に対する不信感の高まり、大会施設の建設・維持費等による開催都市住民への巨額かつ長期的な債務問題の発生と住民投票での開催案否決、激しい大会不要運動等が相次いで発生したからである。これらの動きに対してIOCは、オリンピック競技大会の開催は有形無形の総合的なオリンピック・ムーブメントの中のひとつであると強調し、オリンピック・ムーブメントは尊厳の尊重、若者の教育、世界平和のために極めて有効である、それゆえ今後も何としてでも持続させるべきムーブメントである、その論理を正当化するために〝レガシー〟という概念を最前面に押し出し自らの存在理由を再強化し、諸々の批判をかわそうとしたとも言える。

だが本書では、IOCならびに大会組織委員会の〝レガシー〟計画に関する詳細な検討は行わない。なぜなら現在発表されている多くの〝レガシー〟計画は、オリンピック競技大会あるいは「東京二〇二〇オリンピック」の開催を、「開催すべき最高善の大会」ととらえ、ただ大会誘致と成功のみを目的として創られた計画だからである。オリンピック競技大会開催の是非を根源的に省察していない計画をいくら検討しても二次的な査定に留まるだけであり、多くの優秀な研究者達によって創られたオリジナルの計画レベルを超え、彼らに何らかのフィードバックをもたらす有効な考察を提供することができないからである。

本書が目論むことは、オリンピック競技大会開催を含めたオリンピック・ムーブメントの今後の「望ましき在り方」、「より善《よ》き在り方」を考察すること、大会やムーブメントそのものの未来における必要性を問い、思考し続けることである。この継続的な思考運動こそが、オリンピックの〝レガシー〟、すなわち「継続的に好ましい効果を与える事象」だと提案することである。しかしこのことを提案する前に、どうしても解決しなければならない問題が横たわっている。

それはオリンピック・ムーブメントの根本的構成要素であり、「オリンピック憲章」にも規定されている「スポーツ概念」、すなわち「スポーツとはなにか」という問いに対する現在的な解を得ることである。この問いに対する明確な解を得なければ、オリンピック・ムーブメントの「望ましき在り方」、「より善き在り方」の解を得ることは困難だと考える。よって本書では、「スポーツとはなにか」を根源的に考察し、あらたなスポーツ概念を構築することを主目的とする。そしてまず、あらたなスポーツ概念を考察し、次に「スポーツといかにより善く関わるのか」という問いの最適解を発見しようとする。なぜなら最適解を発見することが、オリンピック・ムーブメント、あるいはオリンピック競技大会開催にあたっての〝レガシー〟考察を基礎づけ、その考察を可能にするからだ。

同時に、二つの問いに対する最適解がオープンな場で公正、公平に討議され、その結果、誰もが納得する解が構築され、その後拡く共有されれば、競技関係者達（競技者、競技指導者、競技協会・連盟等）こそがスポーツの中心であり、競技関係者達のみがすべての面において最優先されれる（ファーストである）、何をしても許容されるべき存在だとの傲慢な思考を完全に崩壊させることに繋がるかもしれない。また例えば、「競技指導者は、すべての面において競技者より上位の存在であり、競技者は競技指導者の言動をすべて受け入れるべき」というような競技指導者と競技者の非対称的な上下関係を恣意的に構築した上で、今なお繰り返され続けるパワハラ、セクハラ等のさまざまなハラスメント、体罰、暴力事件等の軽減に役立つかもしれない。それら非常に現実的で、特に若年層を中心に誰もが日常的に経験しうる身近な問題の軽減と解決こそが、オリンピック競技大会開催を機に解決されるべき最優先の課題だと考える。

筆者は大学の哲学科を卒業後、出版社、広告会社を経て、その後約一五年間、Ｊクラブ「東京ヴェルディ」、「湘南ベルマーレ」、「ＦＣバルセロナ」等、国内外一五のプロサッカークラブのマーケティング、経営業務に関与し、競技者としてボクシングをしながら、大学においてスポーツ哲学の研究・教育活動に携わってきた。そしてその間、卓越したスポーツマーケティング研究者であった、故広瀬一郎さんから投げかけられた「スポーツとはなにか」という問いに対する最適解を約二五年間探し続け、今年一月、修士論文をまとめ提出した。本書は、その修士論文に加筆した書である。

「スポーツとはなにか」、「スポーツといかにより善く関わるのか」、この二つの問いに対する現時点での最適解を開陳し、みなさまからのご批判をもとに、「他者」を排除しない対話を積み重ね、それが〝レガシー〟へと繋がっていければ幸いである。

本書では、まず第1章においてＩＯＣ、大会組織委員会を中心とした「東京二〇二〇オリンピック」の〝レガシー〟計画を検証し、第2章において近代オリンピックの成立を含むスポーツ全体の歴史とスポーツ概念の歴史を概観する。それらの基礎的検証を経て、第3章において、「スポーツとはなにか」という問いに対する最適解、あらたなスポーツ概念を仮説的に再提示する。その概念の正当性（理にかなっていること）と正統性（継承された正しさ）を、第4章のＵＫ、ＵＳＡ、日本の三か国のプロサッカークラブの株主達の出資目的によって証明し、「スポーツといかにより善く関わるのか」の最適解を提示すると同時に、オリンピック競技大会開催を巡る思考の方向づけをする。どうか本書を最後までご査読いただけることを切に願う。

二〇一八年六月

島田　哲夫

増刷のご挨拶にかえて

この本を手に取り、この一行を読んでいただいているあなたに心の底からお礼申しあげます。この本は「スポーツとはなにか」を考えた（哲学した）本です。この本を構成する根本的な考えは、

●スポーツは「他者」と競争し、勝利を得ようとするゲームである。よって他者なくしてスポーツはスポーツとして成立しない（『他者』とは、思い通りにならない存在、つまり過去や未来の自分、動物・植物・自然など多くのことを指示する言葉ですが、本書では主に『他人』という意味で使用します）。

●スポーツはアスリート（競技者）や監督・コーチ・連盟・協会など競技関係者のためだけに存在するのではなく、観戦者、報道者、投資者、研究者など多くの人々に平等に開かれて存在するゲームである。

●スポーツを競技関係者と身体の視点からのみ定義しつづけるのは不十分であるばかりか、公正・公平でもない。そのような偏った視点に立つ限り、あらたなスポーツ概念は生まれない、ゆえに現在と未来のスポーツを取り巻く環境を変革できない。

●哲学をしていない（深い思考を経ていない）単純かつ傲慢な競技関係者優先（アスリートファ

ーストという名の歪んだ選別意識）のスポーツの定義づけこそがパワハラやセクハラなどを生む。

●勝利を巡り、他者と生々しい感情の共有をしつつ連帯感を育み、望ましき私、あるべき私、より善き私になろうとする全身体的なゲームがスポーツの本質である。

●勝利を巡って競争する、なくてはならない、必要不可欠な競争相手である他者、その他者の存在をまず認め、次にその他者の尊厳や名誉を無償の愛、友愛、寛容なる心で大いに尊重する、すなわち他者への「慈愛」こそがスポーツにとって最も重要なことである。

これらのことを明らかにしたのが本書であり、本書には約3年間の歴史があります。

２０１８年の春に、この本のベースとなる修士論文を書き、夏にこの本を出版し、そして今年２０２０年にようやく増刷が決まりました。この3年間に私自身の職業も大学教員から日本のプロサッカークラブに勤務する会社員へと大きく変わりました。２０１８年から２０２０年までの3年間は、あたなにとってどのような3年間でしたか、何かに対する考えや、他者との関係性、職業などに何か大きな変化がありましたか？

私自身にとって3年間という時間はまた、「スポーツとはなにか」「スポーツ哲学とはなにか」「哲学とはなにか」ということを考えるのに非常に大切な時間となりました。そしてその時間の中で、それらの問いに対する答え（解）も変化しました。そのようにひとつの問いに対する解が変わっていくことこそが哲学をする、哲学をした結果だと思います。

哲学は、「それは当たり前《自明》のことでしょ」と何の疑問も抱くことなく、わかりきったつもりで生きていたのに、当たり前だと思っていたことが当たり前でなくなる、その瞬間から始まります。これまでの人生において何の疑問も抱くことなくただ走り続けていたのに、ある疑問（懐疑と問い）によって徐々に走るスピードを落とさざるをえず、遂には立ち止まり、自分自身の力でその問いに対する解を得ようとする瞬間から哲学は始まります。

ある疑問、すなわち問いは、人によって、あるいはそれぞれの方の人生のステージにおいても異なるでしょう。たとえば、「考える《哲学》とはなにか」「健康とはなにか」「病気とはなにか」「学ぶとはなにか」「友人とはなにか」「家族とはなにか」「仕事とはなにか」「遊びとはなにか」「愛とはなにか」「他者とはなにか」「私とはなにか」「生きるとはなにか」「死ぬとはなにか」などです。

それらの問いが自分の最内側からふつふつと沸き上がり、その問いに対する納得のいく解を得なくてはどうもスッキリしない、再び歩き始めることができない、こんな状態を何とかして脱したいと思う瞬間に哲学は立ち上がります。そして哲学をし、自分なりの解を得た後に、以前よりも強い光を感じ、視界に広がるあらたな景色（世界）を堪能し、それを他者と共有しながら善く生きられることを実感した瞬間に、これこそが哲学の目的なのだと理解するのではないでしょうか。

哲学は「〇〇とはなにか」「〇〇はなぜ存在しているのか」「〇〇はなくてもよいのか」という

問いの形を取るメタ的な思考です（例えば最初にサッカーというものを漠然と理解し、次にサッカーはなにのために生まれたのかと、ひとつ上《上位》の問いを熟考すること）。

哲学は〇〇（例えばスポーツ）という存在の最根源的な意味（原理、本質）を抉り出すために、「問いと解」の無限ループが続くことを静かに覚悟し、そのループから簡単に抜け出せないことに不安と怖れと苦しみを抱きながらも、自分なりの解を得て呪縛から解放され完全に自由になろうとする、それら一連の思考過程すべてを指す言葉です。哲学はひとつの問いから始まり、関連するすべての問いからの解放を目指す思考行為です。

しかし問いからは簡単には解放されません。自分の生涯をかけても、問いに対する完璧な解は見つからないかもしれません。哲学に終わりとゴールはありません。よって解の探求は次世代の、より優れた未来の哲学者達に託され続けます。

哲学を主題とした本は、より優れた哲学者、そう、あなたにさらなる上位の解の提示を委ね未完成なままに終わります。哲学を主題とした本を出版する意味、それは未完成ではあるけれども、私はここまで考えることができましたという宣言と、残念ながら私はここまでしか考えることができませんでしたという宣言、その２つの事実をハッキリと宣言することです。

そのような意味で、残念ながらこの本は未完成な本です。またこの本は論文をベースにしているために、表現が非常に固苦しく読みにくい文章となっています。しかし出版時の意気込みをあえて残すために、今回、大幅な加筆・修正は行いませんでした。どうかそのような状態であることを十二分にご理解していただき、あなたが忍耐を持って最後までページをめくっていただけることを願います。

そしていつかあなたが考える「スポーツとはなにか」という革新的な解を私に教えていただき、その解にご関心のある多くの方々とオープンに、かつ深く議論し、あらたなスポーツ概念で世界の見方を変え、1人でも多くの方がスポーツを自然に、心の底から楽しめる、そんな素敵な世界を是非ご一緒に実現しませんか。この本が、あなたの哲学すること、スポーツを哲学することのきっかけになれば望外の極みです。

この本を、2018年7月7日前後の豪雨によって大きな被害に遭われた広島の方々に捧げます。

——2020年7月　「東京2020オリンピック」開催中であったはずの北九州市において。

スポーツ哲学入門——オリンピック・レガシーのために　目次

はじめに
増刷のご挨拶にかえて

第1章　〝レガシー〟の概観
第1節　「オリンピック憲章」とはなにか　3
第2節　〝レガシー〟計画の概観　10
第3節　仮説としての、あらたなスポーツ概念の提示　15

第2章　人々とスポーツとの関わり方の歴史的検証
第1節　「近代スポーツ」の検討――ヨーロッパにおけるスポーツの歴史の概観　32
第2節　ヨーロッパ「古代」のスポーツの概観　35
第1項　「古代」の概観　35
第2項　「古代」のスポーツ　38
第3節　ヨーロッパ「中世」のスポーツの概観　41
第1項　「中世」の概観　41

第2項　「中世」のスポーツ　46
第4節　近代のスポーツ概念の検討　49
第1項　「近代」の概観　49
第2項　ＵＫにおける「近代スポーツ」　55
第3項　ＵＳＡにおける「近代スポーツ」　64
第4項　近代のスポーツ概念の検討　70
第5節　現代のスポーツ概念の検討　72
第3章　あらたなスポーツ概念の再提示
第1節　スポーツと「他者」　84
第2節　スポーツと「欲動」　90
第3節　スポーツと「公共性」　94
第4節　スポーツと「尊厳」　96
第5節　スポーツと「倫理」　98
第6節　あらたなスポーツ概念の再提示　102

第4章　プロサッカークラブの株主達の出資目的
第1節　プロスポーツビジネスの定義　106
第2節　UK、USAのプロサッカークラブの株主達を考察の対象とする事由　114
第1項　プロサッカークラブへの出資目的　114
第2項　UK、USAのプロサッカークラブの株主達の「欲働」を考察の対象とする事由　116
第3節　シティ・フットボール・ジャパン㈱　利重代表へのインタビュー　119
第1項　UK「プレミアリーグ」の発展史　119
第2項　シティ・フットボール・ジャパン㈱　利重代表へのインタビュー　131
第4節　BLUE UNITED Co. 中村代表へのインタビュー　155
第1項　USAにおけるプロスポーツの発展史　155
第2項　BLUE UNITED Co. 中村代表へのインタビュー　169
第5節　日本におけるプロサッカークラブの株主の状況　179
第6節　プロサッカークラブの株主達の出資目的　187
第7節　今後のオリンピック競技大会の開催に関して　193
第8節　むすび　198

あとがき　201
参考文献　202

スポーツ哲学入門——オリンピック・レガシーのために

第1章　〝レガシー〟の概観

第1節 「オリンピック憲章」とはなにか

みなさんは、「オリンピック憲章」（OLYMPIC CHARTER。以下、憲章と略す）[1]をご存知だろうか。この憲章は、植民地支配を巡るヨーロッパ帝国主義国家間の覇権争いでもあった第一次世界大戦開戦の二〇年前、一八九四年にフランス人のピエール・ド・クーベルタン（Pierre de Coubertin）の主導によってＩＯＣ（International Olympic Committee。国際オリンピック委員会）が設立され、その約三〇年後、一九二五年のＩＯＣ総会で制定された憲章であり[2]、ここ最近の五年間では毎年改正されている。

この憲章の第1章 2「ＩＯＣの使命と役割」14に、〝レガシー〟という言葉が登場する。そこには、「オリンピックの有益な〝レガシー〟を、開催国と開催都市が引き継ぐよう奨励する」（to promote a positive legacy from the Olympic Games to the host cities and host countries）と書かれている。

この憲章は全6章から構成されており、オリンピズムの憲法的な性格を持つ基本的な法律文書であるが、各章とも簡潔に書かれており読みやすい。ご一読されることを是非お薦めしたい。憲章を読み進める中で、第1章 8五つの輪のオリンピック・シンボル、9オリンピック・シンボル旗、そして10において、「より速く、より高く、より強く（Citius-Altius-Fortius《筆者註。ラテン語。キティウスーアルティウスーフォルティウス》)」というオリンピック・モットー等も再確認できる。憲章に書かれた以下の文言は、「スポーツとはなにか」を考える本書において非常に重要な考察対象となるために、長くなるが引用する。なお引用はJOCホームページの日本語訳版から行う。憲章の導入部分は以下のような文言で始まる。

「オリンピック憲章(OC)は、国際オリンピック委員会(IOC)により採択されたオリンピズムの根本原則、規則および付属細則を成文化したものである。憲章はオリンピック・ムーブメントの組織、活動および作業の基準であり、オリンピック競技大会の開催のための条件を定める。オリンピック憲章は本質的に三つの主要な目的を持つ。

a)オリンピック憲章は、憲法的な性格を持つ基本的な法律文書として、オリンピズムの根本原則とその根源的な価値を定め、想起させる。

b)オリンピック憲章はまた、国際オリンピック委員会の定款である。

c)オリンピック憲章はさらに、オリンピック・ムーブメントの主要三構成要素である、国際オリンピック委員会、国際競技連盟、国内オリンピック委員会と、オリンピック競技大会の組織委員会の主な権利と義務を規定する。これらの組織はオリンピック憲章を遵守する義務がある」。

次に、「オリンピズムの根本原則」の中から引用する。

1　オリンピズムは肉体と意志と精神のすべての資質を高め、バランスよく結合させる生き方の哲学である。オリンピズムはスポーツを文化、教育と融合させ、生き方の創造を探求するものである。その生き方は努力する喜び、良い模範であることの教育的価値、社会的な責任、さらに普遍的で根本的な倫理規範の尊重を基盤とする。

2　オリンピズムの目的は、人間の尊厳の保持に重きを置く平和な社会の推進を目指すために、人類の調和のとれた発展にスポーツを役立てることである。

3　オリンピック・ムーブメントは、オリンピズムの価値に鼓舞された個人と団体による、協調の取れた組織的、普遍的、恒久的活動である。その活動を推し進めるのは最高機関のＩＯＣである。活動は五大陸にまたがり、偉大なスポーツの祭典、オリンピック競技大会に世界中の選手を集めるとき、頂点に達する。そのシンボルは五つの結び合う輪である。

4　スポーツをすることは人権の一つである。すべての個人はいかなる種類の差別も受けることなく、オリンピック精神に基づき、スポーツをする機会を与えられなければならない。オリンピック精神においては友情、連帯、フェアプレイの精神とともに相互理解が求められる。

5　スポーツ団体はオリンピック・ムーブメントにおいて、スポーツが社会の枠組みの中で営まれることを理解し、自律の権利と義務を持つ。自律には競技規則を自由に定め管理すること、自身の組織の構成とガバナンスについて決定すること、外部からのいかなる影響も受けずに選挙を実施する権利、および良好なガバナンスの原則を確実に適用する責任が含まれる。

6　このオリンピック憲章の定める権利および自由は人権、肌の色、性的指向、言語、宗教、政治的またはその他の意見、国あるいは社会的な出身、財産、出自やその他の身分などの理由による、いかなる種類の差別も受けることなく、確実に享受されなければならない。

7　オリンピック・ムーブメントの一員となるには、オリンピック憲章の遵守およびＩＯＣによる承認が必要である。

最後に、第1章「オリンピック・ムーブメント」（Olympic Movement）より、１「オリンピック・ムーブメントの構成と全般的な組織」には、

1　オリンピック・ムーブメントは、国際オリンピック委員会の最高権限と指導のもと、オリンピック憲章に導かれることに同意する組織、選手、その他の個人を包含する。オリンピック・ムーブメントの目的は、オリンピズムとオリンピズムの価値に則って実践されるスポーツを通じ、若者を教育することにより、平和でより良い世界の構築に貢献すること

である。

同章　2「IOCの使命と役割」には、

「IOCの使命は世界中でオリンピズムを奨励し、オリンピック・ムーブメントを主導することである」。

6「オリンピック競技大会」（Olympic Games）には、

1　オリンピック競技大会は、個人種目または団体種目での選手間の競争であり、国家間の競争ではない。大会にはNOC（筆者註。National Olympic Committee。国内オリンピック委員会）が選抜し、IOCから参加登録申請を認められた選手が集う。選手は当該IF（筆者註。International Federation。国際競技連盟）の技術面での指導のもとに競技する。

2　オリンピック競技大会は、オリンピアード競技大会とオリンピック冬季競技大会からなる。雪上または氷上で行われる競技のみが冬季競技とみなされる。

そしてこの憲章の最後の章、第6章「対応措置と制裁、規律上の手続きと紛争の解決」59「対応措置と制裁」においては、

「オリンピック憲章、世界アンチ・ドーピング規程、試合の不正操作防止に関するオリンピック・ムーブメント規程、その他の規則に違反した場合、総会、IOC理事会あるいは下記規則2.4で明記する規律委員会が決定することのできる対応処置または制裁は以下の通りである」。

として、違反者への宣告、一定期間の資格停止、除外、承認の取り消し、失格、メダルおよび賞状の返還、追放、参加資格の喪失、大会からの除外、罰金、経済的支援の停止等の制裁が明記されている。

この憲章に基づきオリンピック・ムーブメントのひとつであるオリンピック競技大会が開催、運営され、開催都市において〝レガシー〟が引き継がれるように計画、実行することが求められている。ご興味のある方は、そもそもこの〝レガシー〟が提唱されるきっかけとなったIOC委員を巡る贈収賄事件等を受けて、[3] 二〇一四年一二月に発表された、「オリンピック・ムーブメントの未来に向けた戦略的工程表」である「オリンピック・アジェンダ二〇二〇 20＋20提言」(OLYMPIC AGENDA 2020 20+20 RECOMMENDATIONS)[4]、反倫理的行為とその懲罰を明

確にするために制定された「ＩＯＣ倫理規定　二〇一六」(ETHICS)[5] もあわせてご覧になられることをお薦めする。この倫理規定に基づき、ＩＯＣを筆頭とするすべてのオリンピック関係者達の反倫理的行為や言動が永遠に根絶されることを期待する。

では次節において、ＩＯＣ、大会組織委員会を中心とする最新の〝レガシー〟計画を概観する。

註

(1) 最新の「オリンピック憲章」(OLYMPIC CHARTER。二〇一七年九月一五日から有効)は、ＪＯＣのホームページ https://www.joc.or.jp/olympism/charter/ から閲覧可能である。

(2) 小笠原正、塩野宏、松尾浩也 編集代表『スポーツ六法　二〇〇九』信山社、二四頁。

(3)「レガシーという用語は、二〇〇二年一一月にメキシコシティで開催されたＩＯＣ総会で、オリンピック憲章に追加された」(荒牧亜衣(二〇一三)「第三〇回オリンピック競技大会招致関連資料からみるオリンピック・レガシー」『体育学研究　第58巻　第1号』三頁)。

(4) ＪＯＣのホームページ　https://www.joc.or.jp/olympism/agenda2020/(検索を重視し、以下句点を省略)

(5) 同右、https://www.joc.or.jp/olympism/ethics/

第2節 〝レガシー〟計画の概観

ＩＯＣが二〇一三年に「OLYMPIC LEGACY」[1]を発表した目的は、オリンピック・ムーブメント、またＩＯＣの存在そのものへの反対感情を抑えることであった。同時に、今後もオリンピック競技大会を持続的に開催するためには、大会開催立候補都市に〝レガシー〟計画の提案を強く要請し、この計画提案が開催決定に大きな影響を持つことを示唆することであった。

この〝レガシー〟概念を規定した文言が「オリンピック・レガシーのタイプ」（TYPES OF OLYMPIC LEGACY）である（邦訳は筆者による）。

「競技大会は開催都市にスポーツだけではなく、社会的、経済的、環境的にも有益となる、いくつものレガシーを残すことができる。開会式前に享受することもできる恩恵もあるが、大会終了後にも明確にならない恩恵もある。オリンピック・レガシーは、スポーツ、社会、環境、都市、経済の大きく五つのカテゴリーに分けられ、それらは有形もしくは無形のものとして残る。有形のオリンピック・レガシーは、開催都市の魅力を高め、都市住民の生活水準を向上させるスポーツへのあらたな関わり方、交通インフラ、都市の再生と美化である。

無形のオリンピック・レガシーは、例えば開催国家、国民としての誇りの増大、全体的な職業技能の革新と向上、開催者の一員としての満足感、国民的な文化や伝統の再発見、環境に対する関心や意識の向上等である」。

と述べた後に、スポーツ・レガシーの説明では、一九一二年のストックホルム大会で使用されたオリンピック・スタジアムが、現在まで一〇〇年間以上も主要なイベントが開催される重要な施設として使用され続けていると紹介し、以降、スポーツ、社会、環境、都市、経済の五カテゴリー別に各大会の〝レガシー〟を列挙しながら、オリンピック競技大会の必要性を訴求している。

この文章を始めとする各種のIOCのコメント等を考察した結果、首都大学東京教授の舛本直文らは、「オリンピック・レガシーとは『オリンピック開催を契機とした有形・無形の長期的で継続的な良い効果』ということに整理できる[2]」、また仙台大学准教授の荒牧亜衣は、「有形のレガシーがより長期的なものとなるためには、その推進力となるような無形のレガシーが必要である[3]」と述べている。本書では、オリンピック・レガシーは、「オリンピック競技大会開催によってもたらされる、継続的で好ましい効果を与える事象」と考える。

日本国内においては二〇一一年に「特定非営利活動法人東京二〇二〇オリンピック・パラリンピック招致委員会」が設立され、二〇一三年に「第三二回オリンピック競技大会（二〇二〇／東京）」および「東京二〇二〇パラリンピック競技大会」（以下、東京二〇二〇オリンピック・パラリンピックと略す）の開催が正式決定した後に招致委員会が解散され、現在の「公益財団法人東京オリンピック・パラリンピック競技大会組織委員会」（以下、大会組織委員会）が設立され〝レガシー〟計画も継承された。日本における〝レガシー〟計画はＩＯＣが提唱した五カテゴリーに沿う形で、大会組織委員会が中心となり策定・発表しているが、その他にもＪＯＣ（Japanese Olympic Committee。公益財団法人日本オリンピック委員会）、ＪＰＣ（Japanese Paralympic Committee。日本パラリンピック委員会）、各種スポーツ競技団体、開催都市である東京都、文部科学省（スポーツ庁を含む）、国土交通省（観光庁を含む）他、各種経済団体、各種研究者ならびに学会、民間シンクタンク、広告会社やメディア等が、それぞれの視点から〝レガシー〟計画を策定・発表している。ご興味のある方は、それぞれの〝レガシー〟計画をご覧になられてはいかがだろうか。

本書では多数の〝レガシー〟計画の中から、大会組織委員会が策定・発表している最新の〝レガシー〟計画、全七四ページの「東京二〇二〇　アクション&レガシープラン二〇一七」を概観する（大会組織員会ホームページ内「アクション&レガシー」https://tokyo2020.org/jp/games/legacy/ 以下「プラン二〇一七」と略す）。

この「プラン二〇一七」は、「東京二〇二〇大会」の大会ビジョンである「スポーツには世界と未来を変える力がある」、その三つの基本コンセプト（全員が自己ベスト、多様性と調和、未来への継承）に基づき、スポーツ・健康、街づくり・持続可能性、文化・教育、経済・テクノロジー、復興・オールジャパン・世界への発信という五本柱（テーマ）における最新かつ詳細な〝レガシー〟計画が書かれており、これらがすべて実現すれば、多くの東京都民と日本国民が、自分達の税金と商品・サービスの購入費の一部（企業協賛金の一部を形成）が投下された好ましい大会として誇れ、永く記憶に残る大会になるであろう。

だが、その「プラン二〇一七」の中においては、納得できる現在的な、あらたなスポーツ概念は提示されていない。同様に「OLYMPIC LEGACY」においても、あらたなスポーツ概念は未提示のままである。それどころか、「OLYMPIC LEGACY」のスポーツ・レガシー分野では、ただ競技施設の長期間使用と競技者数、競技団体の増加等が紹介されているのみである。

こうしてＩＯＣをはじめ、組織委員会等の〝レガシー〟計画を概観しても、オリンピック競技大会およびオリンピック・ムーブメントを根源的に形成、成立させている、あらたなスポーツの概念の定義は見当たらず、「スポーツとはなにか」を定義づけようとする継続的な研究や対話、討議等の計画立案と実現化が奨励されることも、その必要性さえも具体的には述べられていない（大会組織委員会の「アクション&レガシープラン二〇一七」内における一部の表記は除く）。

スポーツの現在的な、あらたな概念を明確に定義づけることもなく、果たしてこのままオリンピック競技大会およびオリンピック・ムーブメントや〝レガシー〟の討議を進めてよいのであろうか。スポーツ概念の未定義状態は、〝レガシー〟という概念を未定義にしたままで各立候補都市が勝手気ままに〝レガシー〟概念を解釈し、好き放題に計画を立案・提出することと同じことである。概念規定が曖昧であれば、その概念に基づいた計画の立案基準（ガイドライン）が策定できず、〝レガシー〟に関する建設的な対話と議論は一向に進まないであろう。そのような事態を避けるために、ＩＯＣは、〝レガシー〟概念を定義しようとした。〝レガシー〟を考察する際の基礎的な考察、「スポーツとはなにか」という解を発見することは、それらの議論を根本から成立させるためにも、是非とも必要な作業である。

〝レガシー〟という言葉は、オリンピック競技大会およびオリンピック・ムーブメントを「善なるもの」、「望ましきもの」（価値あるもの）と考え、関係者に利益と便益をもたらすために大会を開催したければ、反対派を抑え込むためにも策定・発表しなければならない言葉として使われてきた。だが重要なことは、〝レガシー〟計画を考察する以前に、オリンピック競技大会およびオリンピック・ムーブメントそのものの「望ましき在り方」、「より善き在り方」を再考することであり、その再考に際しては、「在り方」の判断基準となるスポーツ概念そのものをまずは再考しなければならない。

註

（１）ＩＯＣのホームページ　https://www.olympic.org/olympic-legacy

（２）舛本直文、本間恵子（二〇一四）「無形のオリンピック・レガシーとしてのオリンピックの精神文化」『体育・スポーツ哲学研究　第36巻　第2号』一〇〇頁。

（3）荒牧亜衣（二〇一三）「第三〇回オリンピック競技大会招致関連資料からみるオリンピック・レガシー」三頁。

第3節　仮説としての、あらたなスポーツ概念の提示

みなさんは既に「スポーツは、競技関係者達のみによって行われる」という見解の間違いにお気づきだと思う。それは例えば、みなさんの多くが競技関係者（競技者、競技指導者、競技協会・連盟、ボランティア）として「東京二〇二〇オリンピック」に参加しなくても、既に十年間以上も大会の開催に強いご関心を持たれてきた（いる）ことからも明らかであろう。

二〇一一年から始まった正式な大会誘致活動、二〇一三年の開催決定（アンダーコントロール、おもてなし）、その後の各種計画の進捗（ロゴマーク、新国立競技場、築地市場の移転問題）、二年後の開催（観戦チケットや喧噪のご心配）、終了後（祭りの後の経済状況の悪化）等と、この大会に何らかのご関心を持たれ、知らず知らずのうちにご自身が、あるいは競技関係者以外の多数の人々がオリンピックに、そしてスポーツに関わってきたことをご理解されているだろう。

現在のスポーツには多種多様な人々が、それぞれの想いを抱き多様なスタイルで関わっている。例えば野球を競技することはないが、会社の同僚達と「東京ドーム」でプロ野球のゲームをビールを飲みながら観戦する、あるいは自宅のテレビでテニスの「ウィンブルドン選手権」を観戦す

る、スポーツくじ「toto」を購入しゲーム結果をドキドキしながらチェックする、ドイツのプロサッカーリーグを研究や教育の素材にする、競馬の馬券をスマートフォンで購入する、USAのプロバスケットボールリーグ「NBA」のスターを広告キャラクターにした時計を販売する、ボクシングのトレーニングをエクササイズに改良しスポーツジムの看板メニューにする、市のスポーツ行政としてマラソン大会を主催する等、さまざまな役割、目的、行為によってスポーツに関わっている。

また同時に一人の人間としても、さまざまな形でスポーツに関わっている。例えば、ウィークディは医療品メーカーの営業として全国の大学の柔道部に医療品を届け、週末はラグビーチームで競技する、帰宅後はゴルフトーナメントをテレビで観戦する、あるいは、かつてはアマチュアサッカーの競技者であったが、その後プロサッカークラブの株主になり、現在は県知事としてスポーツ行政に関わる等、一個人としてもスポーツとの関わり方を変えながら多くの人々がスポーツに多様に関わっている。このように多くの人々が多様に関わるスポーツをいかに定義するのか。そのための前提として確認すべき点は、スポーツと身体活動、体育、武道はまったく異なる営為(行為)だということである。それらの日本語をそれぞれ、例えば英語に翻訳あるいは逆翻訳すれば、その違いがより明らかになる。

スポーツはSport[1]、身体活動はPhysical Activities、体育はPhysical Educationである。身体活動は、「生き続けよう」、未来に向けて「いま、ここ」[2]を超越しようとする無意識、意識的な生命活動であり、体育は身体教育の略であり、[3] 身体の構造知見（知識と見識）に基づき、スポーツ等を題材にしながら、「より善く生きるための」身体的動作や行為、他者との身体的関係性を教え学ぶ教育であり（学校体育以外にも、家庭や地域における体育がある）、武道は元来、大乗仏教[4]、特に武士の間に膾炙した禅宗[5]の影響を受け（後には神道、儒教的思考等とも融合する）、武術・武芸の修行を通じて煩悩（執着、欲望、怒り等）を消し去り、「ブッダになること」（＝目覚めること、悟りを得ること、涅槃に到達すること）を目的とした営為であり、それらの営為は、そもそも日常生活の退屈さや、労働からの逸脱や解放（気晴らし）を目ざし、楽しみを追求する「遊び」を最根源の動因とするスポーツとは大きく異なる。

例えば自宅周辺をただジョギングすることは身体活動であり、身体の構造や機能、健康概念に基づきジョギングの効果を学び教えることは体育である。ジョギングを例えば、一〇〇〇m走のゲームとして発展させ競技規則を創り、多数の人間がそのゲームに参加し、より多数の人間が一〇〇〇m走ゲームの継続的開催を求め長期間にわたり大会等として制度化されたものがスポーツである。

重要な点はスポーツ、身体活動、体育、武道は、その目的がまったく異なる営為であるため、どの営為が最上位の価値を持つのかという議論が成立しないことである。どの営為を選択するのかは、すべて選択者の価値判断による。そしてどの営為も、その根源には死を前提とした、生きている間に「より善く生きたい」という強烈な、誰からも否定される事由がないエロス的な欲望によって支えられている。それらの点を確認した上で再びスポーツの話に戻りたい。

この節の冒頭で述べたように、人はただ競技者としてのみスポーツに関わるのではない。

例えば愛する妻や夫が、会社の健康診断で体脂肪率の高さを厳しく指摘され、まずは一か月間で五kgの体重減を目標に自宅周辺でのジョギングを始めたとする。毎日約一時間ジョギングをした結果、一か月後に見事に五kg減量できた。妻や夫は減量の成功の悦びとともに（目標達成感）、運動有能感（やればできる。Competence）と大きな自信を得た。そしてジョギング中の得も言われぬ快感と恍惚感（エクスタシー）をさらに味わいたいと思い（ここまでは身体活動）、自分が住んでいる市が主催する三か月後のハーフマラソン大会に参加することを決意し、まずは完走を目標に、次は目標タイムの突破、可能なら十位以内に入ることを目標に、よりハードなトレーニングを開始したとする（ここからがスポーツの始まり）。

妻や夫が、毎日勤務後に家事もサボらず懸命にトレーニングをする姿を観て、家族として可能な限りのサポートをし、本人の目標（望ましさや善さ）を達成させてあげたい。そのために最新のランニングウェアやシューズを購入したい、シャワーを浴びている間に今日のトレーニング結果をPCやスマホ等に入力したい、栄養学的なアドバイスをするためにインターネット上で栄養学を学びたい、彼女・彼を車で大会会場まで送迎したい、沿道を一緒に走りながら懸命に応援したい、帰宅後のパーティとプレゼントの準備をしたい等、競技行為以外に、その行為以上に多様な行為をしながらハーフマラソンというスポーツにその家族は全身体的に関わる。

同時に自分の家族以外に、同じ大会に出場した他の家族や競技者、このハーフマラソンに営利を目的として関わる企業関係者（前述したスポーツメーカー、IT、食品、自動車企業等）、大会主催者である市（行政組織）や多くのボランティア、メディア（テレビ他）等の数えきれないほど多くの「他者」と関わっていることを発見する。そして人はただ競技者（マラソンランナー）としてのみハーフマラソンというスポーツに関わるのでないことを了解する。

多様な人々が多様な想い（筆者の言葉では「欲働」。第3章にて詳述する）でスポーツに関わる、そのスポーツとの関係性を適確に表現する鍵概念は「他者」である（同じく第3章にて詳述）。「他者」が存在しなければ、私は私として存在することができない。私が私として存在するための最根源の要素、それが「他者」である。私は常に「他者」とともに共同的に存在している。私は常に「他者」の身体とともに、共同身体的、間身体的に存在している。この「他者」という概念こそが、これまでのスポーツ概念に根本的に欠如していた、けれども考えれば至極当然な最重要の要素である。だが、ここで言う「概念」とは一体いかなるものだろうか。

人間は自分にとっての色々な意味や価値をつけて世界を見ている。したがって人間にとって世界は世界そのものではなく、何らかの言葉＝概念＝意味付与によって物語られたものである。例えば、目の前にある「物」を「物」という名前さえない、どこにでもある、まったく他の物と区別さえできない無色透明なものとして認識しているのではなく、「丸い」という言葉＝概念で目の前にある「物」を丸い物として認識している。つまり「概念は、典型的な物語を開き、それにより対象は相貌を獲得する」[6]のであり、「多数の人々に、生き生きとした物語世界を開く言葉（例えば、美しい）」なのである。人はその言葉＝概念＝意味付与によって、物語の主人公として物語世界の中に投げ入れられる。そしてそこで体験した物語世界を「他者」と語り合い共有することによって、その物語世界がポリフォニック（多奏的）で共通経験可能、間主観的で公共的なものとなる。「概念」は物語世界への扉である。

同時にあるひとつの「概念」は、決してそれだけが単独で存在する（スタンドアローンの状態で存在する）ことはできず、必ず「概念」のネットワークの中で、他の「概念」との違い（差異）を保ちながら共存している（丸いという概念が三角、四角等の概念と差異的に共存する）。それゆえ、あるひとつの「概念」は他の「概念」を伴いながら、より躍動感溢れる、より生き生きとした物語を展開する。そして「他者」間での共有可能な事項を一層増加させ、より深いコミュニケーションを進展させる、それが「概念」の果たす役割である。この「概念」の規定を基に、誰にとっても開かれた物語世界を提供するあらたなスポーツ概念を創造したい。

フランスの哲学者、ジル・ドゥルーズ、フェリックス・ガタリは、「常に新たな概念を創造することが哲学の目的」[7]であり、「哲学とは、純粋な概念による認識」[8]と述べている。

また日本の哲学者、廣松渉は、「哲学者は概念を提起し、みずから提起した概念によって経験そのものを分析する。そうすることで哲学者は、世界の見えかたを不断に更新してゆく」[9]と論考しているが、哲学とは自明とされていることを、いったん括弧に入れ（判断を中止し）、「それは本当だろうか」と疑う（懐疑）ことから始まる。例えば、「オリンピック競技大会は人類にとって必要不可欠な善き大会であり、今後も継続的に開催されなければならない」と一二〇年間以上にわたって信じられてきた「当たり前」と思われている見解を、「その見解は本当だろうか」、「過去においては必要だったかもしれないが、未来においても本当に必要なのか」「オリンピック競技大会がなぜ必要なのか、その理由を考える必要があるのではないか」等、「当たり前」と思われていた見解（命題）を考察するために、その見解を構成する諸要素を徹底して考え直そう（反省しよう）とすることから哲学は始まる。

ではなぜ人は哲学をすることを始めるのか？

哲学をする人、人間とはなにかを、ドイツの哲学者、マルティン・ハイデッガーは、「現存在の存在は、気遣い（Sorge）であり、事実性（被投性）と実存（投企）が含まれ、存在可能として規定されている[10]」、「『死へ臨む存在』として先駆的に決意し、未来の可能性に投企している[11]」、フランスの哲学者、エマニュエル・レヴィナスは、「人間性とは他人への愛であり、隣人に対する責任であり、場合によっては『他人のために、他人の代わりに死ぬこと』であり、犠牲である[12]」と論考する。

哲学をする「私」は、多数の「他者」の死を体験し、私自身にもいつかは確実に死が訪れることを静かに了解し、死を前提として生きる存在である。存在可能な有限な時間の中で、常に「私」を「気遣い」ながら（「あるべき自分をいつも気にしている[13]」、「心配、憂慮、気がかり、不安、恐れ(14)」）、多数の「他者」とともに「より善く」生きようとし、可能性を求めて未来に「投企」し続け、「いま、ここ」を懸命に超えようとしている。

同時に「私」は、「他者」と「他者」の間からしか生まれない存在でもある。「私」は先所与的な多数の「他者」との差異性を認識することによってしか立ち上がってこない。「他者」は過去、現在、未来において、絶えることなく「私」よりも「先に」存在する（先所与）、それゆえ私は多数の「他者」から逃れることができず、常に「他者」とともに生きざるをえない。「他者」とのあるべき関係に関心を払うからこそ、「他者」からの応答を感じ、相互の関心が交錯する公共的空間が成立する。「私」はこの公共的空間の中でしか生きることができない、死をもってしても、この公共的空間から逃れることはできない存在である。

哲学をする私がスポーツを思考（研究）の対象とし、その本質を頭から血が出るまで問い続け、あらたなスポーツ概念を創造し、スポーツの見方とスポーツへの関わり方を変えようとする営為がスポーツを哲学すること、すなわち「スポーツ哲学」に課せられた役割であり、「スポーツ哲学」の目的である。そしてスポーツを哲学するにあたっては、ロンドン・ハイゲイト墓地のカール・マルクスの墓碑銘に刻まれた言葉、「The philosophers have only interpreted the world in various ways, The point however is to change it.（哲学者達は世界を単にさまざまに解釈しただけに過ぎない。しかし重要なことは、世界を変革することである）」を常に想起する必要がある。

あらたなスポーツ概念は、現実に起こっている最新（Update）のスポーツ世界と基礎研究的

（Fundamental）なスポーツ世界を激しく往還することによってしか生まれない。大切な家族とともに最大限のリスクを冒し、ようやく得ることができた革新的なビジネス上の成功体験をまったく有せず、研究室と講義室（競技場、アリーナ、武道場等を含む）だけを往復し、傲岸不遜な態度で自身が未体験のプロスポーツの世界を嘲笑し軽蔑する研究者が、あるいは学問的な基礎研究活動を単なる現実事象の後追いだと見下し、ひたすら短期的な利益のみを追求し、意に沿わない「他者」を排除し続け、「他者」から憎悪しか抱かれていないビジネスパーソンらによって、あらたなスポーツ概念が創造されることはない。「他者」の尊厳を尊重しない独断的、排他的な人間によって、あらたなスポーツ概念が創造され、スポーツ世界の見方、スポーツ世界が変革されることはない。

哲学はあくまでもヨーロッパで誕生、発展した思考方法であり、イスラーム世界、中国、アフリカ諸国等の地域や国には、哲学とは異なる独自の思考方法があることだろう。だが本書では、ヨーロッパが生んだ「近代スポーツ」を考察するにあたっては、同じヨーロッパで生まれた思考方法である哲学に依拠しスポーツを考察することが適切と判断し、考察を進める。

哲学は思考の限界点では自己の非力さを知り深い哀しみに陥るが、その限界点を突破できれば悦びに浸れると信じて、前へ、前へと、ただひたすら前進しながら、あらたな概念を創造し続けようとする止まることなき思考運動である。哲学の使命は思考の限界を「突破」（Breakthrough）することである。例えその思考の対象が「死」であったとしても、思考の対象に限界まで接近することを目的とし常に「Plus Ultra」と唱えながら前へ、前へと、その一歩を踏み出す行為が哲学をすることである。哲学は思考によって限界を突破し続けようとする営為である。本書では哲学という思考方法によって、あらたなスポーツ概念を創造する。では、あらたな概念の構成作業を開始する。そのためにまず原概念（基礎概念）を提示する。

狭義の意味でのスポーツは、複数の競技者が競技規則に基づき、「他者」と全身体的に競争をし、最終的には勝利者としての悦びを得ようとするゲームである（原初的ゲーム）。このゲームに、それぞれの悦びと望ましさを求めて多様な人々が観戦者、報道関係者、ビジネス関係者、支援者（スポンサー）や投資者、研究者等の非競技者として関わる。その過程で原初的ゲームを基に自分達（非競技者）が主人公として活躍する、より高次なメタ・ゲーム（超越的ゲーム）をあらたに展開し、自分達こそが競技者を超えた最終的、総合的な勝利者になろうと奮闘する（闘争する）。この位相の異なる二つのゲームが同時並行的に行われるのが、広義の意味でのスポーツである。

人々はそれぞれのゲームの中で野性的な感情をストレートに表現し、全身体の細胞を燃焼させ、全身体的な興奮、高揚感、解放感、エロス的な恍惚感（エクスタシー）を得ようとする。勝利の誇示と共有によって、さらに多くの「他者」からの承認と称賛を獲得し、「他者」との強固な連帯感の中で、それぞれの「私」が「望ましき私」を全身体的、熱狂的に確立しようとスポーツに関わる。

スポーツは複数の要因が偶然に重なり合った結果、いつのまにか形成された地形や自然的な風景等ではなく、より楽しく遊び、より深い悦びを得るという明確な目的を持って人工的（人為的）に造られたゲーム（原初的ゲーム）、人為的に構成されたフィクションである。

そしてゲームは、そのゲームを競技する複数の競技者がいることを前提に、①競技規則（ルール）、②「他者」との競争による勝敗の決定、③有限性（始まりと終わりがある）という三要素によって成立する。

競技規則は、「他者」と公正、公平に競争をし、勝敗を決定するために必要不可欠な要素であり、「他者」は、「いま、ここ」に実存する（現実存在する）私とは異なる、けれども現在の私を形づくった不可逆的な過去の私、これから目指すべき姿である可能態としての未来の私、あるいは動植物、自然等、非常に幅広い意味を持つ言葉であるが、本書では主に、他人の意味で使用する。

また全身体は、精神と肉体が不可分的に統一された（分けることが不可能な）人間存在の根本動因であり、全身体的競争は、誕生と死の間で繰り広げられる人間の生と同様に、有限時間的なゲームの中で、競争相手の「他者」に「負けてなるものか！」と強く想い、全身体の細胞を燃焼し尽そうとする非常に激しい動的競争を指す。

最後に、「望ましさ」は「価値」を意味し[15]、価値の有無や高低は人それぞれに異なり、同一人物においても世界に対する認識（見方、とらえ方）が異なれば、その価値も変動する。それぞれの人にとって「それは価値がある」、あるいは「あれは価値が低い」等の価値判断は、決して単独の私的判断基準によって下されるのではなく、歴史的・文化的文脈の中で多数の「他者」によって形成された共同主観的な価値意識に基づき決定される。見落としてはならないことは、価値意識の中核には、「他者」による承認と「他者」からの称賛要求が常に存在していることである。「望ましき私」は常に、「他者」からの敬意の獲得を目指す。

非競技者達は、フィクションであるゲーム（原初的ゲーム）に関わるきっかけ（事由や目的）や関わり具合（レベル）は異なるにしても、主体的、能動的、目的意識的かつ自由にゲームに関わるのであり、決して受動的、無目的、無意識的かつ、自己意志に反し「他者」に強制されて関わりはしない（強制は、教育を目的とした体育という場面のみで起こる）。

そして非競技者達はゲームを熱心に観戦、応援しているうちに、いつの間にか自分達が競技者であるよう疑似競技者感覚に陥り、例えば、「阪神甲子園球場」の外野スタンドで自チームへの応援を忘れて、対戦チームの応援者達だけには「負けてなるものか！」と想い大声で叫び続ける、あるいは世界最高のフォワードを他のクラブにとられまいとし、自チームの財政状況も考えず、他のプロサッカークラブより三〇億円高い年俸を提示する等、自分達が主人公であるメタ・ゲームの勝敗に関心が移っていく（原初的ゲームから関心が離れていく、薄れていく）。

原初的ゲームでは勝利を得るために、「アイツを、アイツらを倒したい、超えたい、勝ちたい！」という感情をストレートに表現することが許され、時には大いに推奨される。そして勝敗（引分けも含む）という最終結果に対しては、日常生活において求められる自律（セルフコントロール）、冷静さ、謙虚さ等をすべて忘れ、誰からも抑制されることなく思う存分、生々しい野性的な感情をストレートに表現することが認められる。なぜならゲームは、あくまで有限なフィクションの世界であり、理性によって自己を律することが求められる日常生活の世界ではないからである。

そのストレートな野性的感情の表現をメタ・ゲームにも導入し、感情の露出（吐き出し）による全身体的な解放感を、より多くの「他者」と共有することにより、さらに高度な興奮、高揚感、連帯感を得、その悦びと恍惚感の中で、「望ましき私」を熱狂的に確立することを目的に人々はスポーツに関わる。スポーツは、表層的には穏やかで調和のとれた間身体的、間主観的[16]営為のように見えるが、その深層には「望ましさ」を巡る「他者」との何重もの闘争的な全身体的競争がある。だからこそ勝利の悦びが増し、その悦びを渇望する。以上の考察を通じて、次のような仮説、あらたなスポーツ概念を提示する。

スポーツは、「他者」との全身体的競争によって勝利を求め、勝利による恍惚感を「他者」と連帯的に共有しながら、「望ましき私」を全身体的、熱狂的に確立しようとするゲームである。

ただしこの仮説は、日本という国で五〇年間以上生活してきた男性による仮説であり、同じ日本で生活する者であっても、年齢、生活・教育環境あるいは女性の視点からすれば、その仮説も異なるであろうし、近代スポーツを生んだＵＫやヨーロッパ、ＵＳＡ、また南米、アフリカ、アジアの人々とも異なるであろう。そのことを大いに自覚し、その違いと違いが発生する事由を解明するために仮説を明示し、議論と対話を加速させることが重要だと考える。

では次章において、この仮説を検証するために、スポーツはいかなる歴史の中から誕生、成立し、スポーツを巡る諸概念が現在までどのように変容してきたかを明らかにする。

註

（1）「『Sport』の語源的変化は、時代によって概念が変化することを前提に、語源であるラテン語deportare（運び去る、運搬する）が、一五―一六世紀における古代フランス語 deporter（気分を転じる、我慢する、忍ぶ、節制する）から、desporter（内面的な状態を転換する、移動、変化、娯楽、気分転換）へと変化した。一方、一三―一四世紀における中世の英語 deport（楽しみ、娯楽）が、一五―一六世紀の英語 disport（ショー、演劇、見世物）に、一七―一八世紀には、sport（動物、獲物、あるいは魚等を殺したり、捕えたりする努力によって得られる気晴らし）に、一九世紀には、sport（競技的性格をもち戸外で行われるゲームや運動に参加すること、そのようなゲームや娯楽の総称）へと変化した。またGameとは、古代ゴート語　gaman（参加、親しい交わり）、古代サクソン語　gamen（喜び、楽しみ）を語源とし、人間の集合、共同によってもたらされる喜びを原理とする言葉となった。Athleticとは、ギリシア時代の、賞品を目当てに競技する、競技会、賞品という意味から、一七―一八世紀の英語　sport（筋力がプレイ中に要求され、しかも増大するような身体運動の実践）、やがて競技主義へと概念が変化した」（中村敏雄／高橋健夫／寒川恒夫／友添秀則　編集主幹（二〇一五）『21世紀スポーツ大事典』　大修館書店、（友添秀則　四―三五頁））。

（2）「『いま』『ここ』という確定的な場所に繋縛されているのは対象化された物理的身体であって、体験相での主体的身体は『いま・ここ』に繋縛されておらず、時に応じて別の視点に立つこともでき、『いま・ここ』を不断に〝超出〟する」（廣松渉（二〇〇八）『身心問題』　青土社、二四八頁）。

（3）佐藤臣彦（一九九三）『身体教育を哲学する』　北樹出版。参照。

（4）佐々木閑（二〇一七）『集中講義　大乗仏教　こうしてブッダの教えは変容した　別冊NHK100分de名著』　NHK出版。参照。

（5）同右、一七五頁。

（6）野矢茂樹（二〇一六）『心という難問―空間・身体・意味』　講談社、二一〇頁。

（7）ジル・ドゥルーズ、フェリックス・ガタリ（二〇一二）『哲学とは何か』　財津　理訳、河出文庫、一三頁。

（8）同右、一七頁。

（9）廣松渉（二〇一七）『世界の共同主観的存在構造』　岩波文庫、五四九頁。

（10）マルティン・ハイデッガー（一九九四）『存在と時間　下』　細谷貞雄訳、ちくま学芸文庫、一三〇頁。
(11)同右、一六七頁。
(12)エマニュエル・レヴィナス(一九九三)『われわれのあいだで』合田正人・谷口博史訳、叢書・ウニベルシタス 三二五頁。
(13)工藤和男(二〇〇六)『くらしとつながりの倫理学』晃洋書房、五二頁。
(14)仲正昌樹(二〇一五)『ハイデガー哲学入門━《存在と時間》を読む』講談社現代新書、一二五頁。
(15)「価値とは、のぞましさ(desirability)である。事物は、価値『である』(be)のではなく、価値『がある』(have)。価値は、対象の属性である。価値は、本来人びとの欲求に由来する主観的属性である。価値は、人間の評価によって付与される」(見田宗介(一九六六)『価値意識の理論 欲望と道徳の社会学』弘文堂、一九頁)。
(16)「間主観的」とは、「普遍的な仕方で対象を認識するように各主体が仕向けられている事態」(仲正昌樹(二〇一五)『ハイデガー哲学入門━《存在と時間》を読む』講談社現代新書、八二頁)。
・また「間主観性の現場《fabric》は、共有と合意の場であると同時に、競争と係争の場でもある」(ニック・クロスリー(二〇〇三)『間主観性と公共性―社会生成の現場』西原和久訳、新泉社、五四頁)。「間身体的」とは、各身体＝各主体が、「他者」を、世界を普遍的に認識しようと仕向けられている事態を意味する。

第2章　人々とスポーツとの関わり方の歴史的検証

第1節　「近代スポーツ」の検討――ヨーロッパにおけるスポーツの歴史の概観

本書におけるスポーツは、主にサッカーやバスケットボール等、近代のUKを中心としたヨーロッパおよびUSAで誕生した「近代スポーツ」を指す。よって、これからスポーツの歴史を概観する際も、その対象は「近代」という時代と、UKを中心としたヨーロッパおよびUSA地域が中心となる。

USA、マサチューセッツ州立大学アマースト校のLisa P. Masteralexisらは、「近代スポーツ」の発展過程の特徴を以下のように述べている（邦訳は筆者による）[1]。

①サッカー、ラグビー等のフットボール、スティックを使用するホッケー、クリケット、および陸上競技等はイングランドで生まれた。イングランドこそが近代スポーツとスポーツマネージメントを生んだ地であり、ほとんどの西洋のスポーツのルーツはイングランドにある。

②イングランド発祥のスポーツ文化が世界に広まったのは、一八―一九世紀の大英帝国としての帝国の力である。

③一七五〇年頃に、UKのニューマーケット（Newmarket）に「ジョッキークラブ」

(Jockey Club) が設立された。このクラブは競技規則（ルール）を成文化させ、競馬を開催した。これがクラブによる競技運営の原型となり、以降、クリケット、ボクシング、ラグビー、サッカー等さまざまな競技種目のクラブが誕生した。競技クラブをさらに発展させたのが、近代オリンピックである。

④現代の多くのスポーツイベント開催のルーツは、クラブスポーツシステムにある。現代のサッカー、ラグビーは一九世紀後半のUKで、バスケットボールやバレーボールは同じく一九世紀後半のUSAでルールが明文化され（誕生し）、共有化が始まった。

これらの「近代スポーツ」がなぜ一八、一九世紀の「近代」という時代に、イングランドを含むUKとヨーロッパ、USAで誕生したのか。また「近代スポーツ」はいかなる特徴を持つのか。それらを考察するためにヨーロッパの「古代」、「中世」、「近代」、「現代」という歴史を順に概観しながら人々とスポーツの関わり方を明らかにした後に、現在の主要なスポーツ概念を考察する。

本書において「近代」とは、一六世紀から第一次世界大戦終了後までの時代とする。[2]「近代」は、主にUK、フランス、ドイツ等の西ヨーロッパを舞台に、ルネサンス、宗教改革を経て、国家・国民、官僚制、軍隊、三権分立、基本的人権、市場経済、哲学、科学を始めとする諸学問、音楽、絵画、建築、バレエ、ファッション等の諸芸術、文化、教育、そして「近代スポーツ」が誕生した時代である。

ただし留意すべきことは、この「近代」という時代区分のピリオドの打ち方そのものに、西ヨーロッパ中心主義の思想が紛れ込んでいることである。そのことを忘れてはならない。ある意味「近代」は、西ヨーロッパ中心主義が生んだ時代概念でもある。西ヨーロッパ以外の非西ヨーロッパ世界を思想的に支配、隷属させた後に、政治的・経済的・文化的にも隷属状態に貶めた時代が「近代」とも言える。その結果として行き過ぎた西ヨーロッパ中心主義が、USAが中心となる「現代」を生んだ。「近代」あるいは歴史を論じる際には、自らの歴史認識を形成している、その思想的根拠に対する反省的自覚と批判的態度が必要である。そのことを十分確認した上で、ヨーロッパの「近代」を考察したい。[3]

註

（1）Lisa P. Masteralexis, Carol A. Barr, Mary A. Hums（二〇一五）『Principles and Practice of SPORT MANAGEMENT fifth edition』JONES & BARTLETT LEARNING、五一一〇頁。

（2）「資本制生産様式に基礎を置く『ヨーロッパ世界経済』が出現したのは、一六世紀のことである」（イマニュエル・ウォーラーステイン（二〇〇六）『近代世界システムⅠ』川北稔訳、岩波モダンクラシックス、九九頁）。

（3）「歴史とは、形態と経験の年代順の継起のことである。世界の全体とは一五世紀から一八世紀までの間に姿を現し、人間の生活全体に、世界中のすべての社会、経済、文明に、徐々にその影響を及ぼしていったまとまりのことである」（フェルナン・ブローデル（二〇〇九）『歴史入門』金塚貞文訳、中公文庫、一〇一頁)。

第2節　ヨーロッパ「古代」のスポーツの概観

第1項　「古代」の概観

UKの歴史学者、ノーマン・デイヴィスは、「原初、ヨーロッパというものはなかった。ヨーロッパの語源はギリシア・ローマ時代の非常に古い伝説に出てくる女性『エウローペー』[1]であると述べている。以下、主に彼の論考に依りながら[2]、ヨーロッパの「古代」を簡単にまとめる。

本書ではヨーロッパの「古代」は、紀元前二〇〇〇年頃から約一〇〇〇年間続いたエーゲ海のミノス文明(クレタ島クノッソスが中心地)、ミュケーナイ文明、紀元前八〇〇年頃から約五〇〇年間栄えたギリシア、紀元前三二三年から約三〇〇年間続いたヘレニズム時代、紀元前七五三年から紀元後四七六年の西ローマ帝国の崩壊まで約一二〇〇年間続いたローマ帝国の時代までとする。

ギリシアの都市国家(ポリス)には、王政、専制政治、寡頭政治、民主制等さまざまな政治形態があった[3]。またその国家のほとんどが耕作不能な岩だらけの都市であり、奴隷や移住者等増加し続ける人間のために食糧、水分等の資源を確保する必要があった。そのために沿岸各地に植民地を建設し、それを巡りペルシア帝国、ギリシア都市間でたびたび戦争が起こった。

そのポリスを支えた世界観は、「神々と人間達の、ひとつの偉大な都市」であり、おびただしい神話、祭儀、神託を生み出した。敬神に裏づけられた勇気と冒険心は、健康と富によって報いられると考え、オリュンピアを中心とするゼウス崇拝はオリュンピア競技会と同様に拡まった。これに対抗すべく生まれたのが「知への愛」、哲学である。

ギリシアに替わり勃興したローマ帝国の政治体制は王政、共和制、帝政であり、約一二〇〇年間続いた。その特徴は「あくなき領土への拡大欲求」であり、広大な領土から発生する税金を増やすために徹底した身分制（王、元老院議員、貴族、将軍、騎士等と非市民、奴隷の完全区別）を確立した。(4)

ローマ人は治安維持を目的に法律・行政・官僚制度を整備した。そして強固な軍隊ネットワークを確立し、軍隊が速やかに移動し彼らに食糧を届けるために、石造りの道路網と水道橋を建設し、他にも浴場、競技場、劇場、神殿、記念建造物、図書館、美術館等を造った。また異宗教として徹底して迫害してきたキリスト教を三一三年の「ミラノ勅令」により認め、三八一年には国教とした。だが、西ローマ帝国の崩壊によって「古代」が終焉した。

デイヴィスの論考において筆者が最も重視する点は、「古代」において「ヨーロッパ」および「ヨーロッパ人」という概念は存在していなかったという点である。それはある時代まで「日本」という国家と、その国民である「日本人」という概念がまったく存在しなかったことと同様のことを意味しているからである。

なにゆえ「ヨーロッパ」および「ヨーロッパ人」という概念は存在しなかったのか。それは「ヨーロッパ」に居住していた「ヨーロッパ人」にとって「他者」が存在していなかったからである。ヨーロッパ、ヨーロッパ人にとっての明確な「他者」が存在していなかったがゆえに自己の存在を概念規定することができなかった、あるいは概念規定をする必要がなかった、それゆえ「ヨーロッパ」および「ヨーロッパ人」という概念が形成されなかったのである。このことは、一七七六年からUSAという国家と、その国家を構成する国民であるアメリカ人が即自的に存在していたにも関わらず、一八五三年の「黒船来航」まで、USAという国家とその国民であるアメリカ人の存在を知らなかった多くの日本人と同様である。つまり「他者」の存在こそが、概念を創るのである。

また「古代」におけるヨーロッパは、同時代における世界文明の最先端地域ではなかった、むしろ発展途上地域であった。古代における世界の文明、文化の最先端、最先進地域は、ナイル河のあるエジプト、チグリス・ユーフラテス河のある現在のイラク、シリア等のメソポタミア地域、インダス、ガンジス河のあるインド、黄河のある中国、地中海沿岸のフェニキア（現在のレバノン付近）、カルタゴ（現在のチュニジア付近）等であった。世界史的に見て、古代における最先進地域はヨーロッパではなく古代エジプト、メソポタミアであったことから、スポーツ史の研究者達は、現代のスポーツの起源はギリシア・ローマ時代ではなく、古代エジプト、古代メソポタミアにあったと論考している。

〈註〉

（1）ノーマン・デイヴィス（二〇〇〇）『ヨーロッパ　Ⅰ　古代』別宮貞徳訳、共同通信社、一九一―一二三頁。

（2）同右、一七六―三七五頁。参照。

（3）「そこにヘーゲルのいわゆる『美しき個性』が見られる」（和辻哲郎（二〇〇七）『倫理学（四）』岩波文庫、一二八頁）。

（4）「ヘーゲルはローマ国家のこの特徴をきわ立たせるために、ローマは盗賊国家としてはじまった、といっている」（同右、一三三頁）。

第2項　「古代」のスポーツ

スポーツ史学者の稲垣正浩らは、古代エジプトと古代メソポタミアのスポーツに関して次のように述べている。[1]

①エジプトの古王国（前二七～二三世紀）と中王国（前二一～十八世紀）における特徴は、王や貴族がショー・スポーツを楽しんだということである。新王国（前十六～十一世紀）では、王自身が軍隊の実質的な指導者となり、戦車に乗って大型狩猟を行った。

②古代メソポタミアにおけるスポーツは、戦車（馬車）による狩猟と競争であった。

これらの時代を経てギリシア時代のスポーツ、特に「古代オリンピック」に関して、スポーツ史学者の高橋幸一は、「紀元前七世紀頃から開始された『オリンピア祭典競技』は戦争を一時的に休止して、負傷者の救助や死者の葬式を行った葬礼の一部であった。祭典開催中は、競技者や観客の旅行の安全を守る『平和の祭典』であり、戦争を中止し、平和を希求するものではなかった。それゆえ、現在の『平和の祭典＝オリンピック』とはまったく異なる祭典であった[2]」と論考し、デイヴィスは、「運動競技はギリシア人の生活の極めて重要な部分を占め、ほとんどの都市が競技場を持ち一〇〇以上の競技会が開催されていた。その中でオリンピュアでの全ギリシア規模の競技会が最高位の競技会であった。すべて男性からなる競技者は短距離走、中距離走、長距離走、幅跳び、円盤投げ、槍投げ、レスリング、ボクシング、パンクラティオンで技を競った。前七世紀に、ある競技者のショートパンツが偶然脱げて以来、裸で競技するのが習わしとなった。競技者は素人ではなく、褒賞を獲得するために厳しい訓練をした[3]」と説明する。

ギリシア人のスポーツに関してフランスのスポーツ史研究者、レイモン・トマは、「ギリシア人達は気晴らしや肉体維持のために、球技、競走や跳躍、投擲、レスリング、ボクシング、パンクラティオン等を行った。身体の鍛錬と管理は教育においても重要視され、美しさや善良さ、勇気、健康等を兼ね備えた、極めて均衡のとれた人間の育成に役立つと考えられていた[4]」と説明するが、ローマ人のスポーツに関してデイヴィスは、「『闘技』はローマ人の生活の中心だった。プロの剣闘士は死闘をショーとして人々に見せた。壮大なショーを望む欲求は次第にエスカレートし、やがて剣闘のショーだけでなく野獣狩りや実寸大の戦闘、競技場に水を満たして海戦まで行った。しかし戦車競走ほど人びとを熱狂させたものはない。四頭の馬からなるチームが六つ、豪華な賞品をめざし大競争場の回りを全速力で七周する。巨額の賭けが行われ、腕のいい戦車乗りは大衆のアイドルとなり元老院に劣らぬほど裕福になった(5)」と述べている。

これらを総括して稲垣らは、「古代社会におけるスポーツ文化の一般的な特徴は、オリエントにおける王や貴族の特権的なスポーツとショー・スポーツであり、さらにはギリシア市民の競技スポーツとローマ市民のスペクテイター・スポーツであった。ギリシア人の非実用的な『競技』(アゴーン)こそが比類なき高度な文化を発展させる原動力であった(6)」とまとめている。

いずれにしてもメソポタミア、エジプト、ギリシア、ローマ等の地域と時代において共通する点は、「戦士」であることが「英雄」であり、戦士は走、ボクシング、レスリング、弓射等の競技、格闘技、戦車技術に熱中し、その技能を人々に惜しげもなく披露し、人々はその技能を観戦し、賭け、競技における勝者は英雄として名誉と地位と誇りを得たことである。このように「古代」におけるスポーツでさえ「他者」と共に競技をし、勝敗を競い、それを多数の人間が観戦し、賭けを行い、その競技の主催者である王等の為政者、権力者を称賛、崇拝するという複合的なゲームとして成立していたのである。スポーツは、「古代」より多数の人間が関わる公共的な存在であった。

註

(1) 稲垣正浩・谷釜了正編著(一九九五)『スポーツ史講義』大修館書店、四八—五〇(高橋幸一執筆)。

(2) 高橋幸一(一九九八)「古代世界におけるスポーツ」『スポーツ史研究 Vol.11』一—一五頁。

(3) ノーマン・デイヴィス(二〇〇〇)『ヨーロッパ Ⅰ 古代』二三七—二三八頁。

(4) レイモン・トマ(一九九三)『新版 スポーツの歴史』倉持不三也訳、白水社、四七—五〇頁。

(5) ノーマン・デイヴィス(二〇〇〇)『ヨーロッパ Ⅰ 古代』三二一—三二二頁。

(6) 稲垣正浩・谷釜了正編著(一九九五)『スポーツ史講義』五七頁(高橋幸一執筆)。

第3節 ヨーロッパ「中世」のスポーツの概観

第1項 「中世」の概観

本書では、ヨーロッパにおける「中世」は、西ローマ帝国が滅亡した紀元後四七六年から一五世紀まで約一〇〇〇年間続いた時代とする。また「中世」はキリスト教世界が確立された時代とも言える。このキリスト教世界を確立したのがイスラーム教であると、デイヴィスは明らかにする。「カール大帝を生んだのはマホメットである。イスラーム教は、キリスト教世界の周囲に頑丈な盾を張り巡らし、その内側でキリスト教世界は固く結束して、はっきりと自分自身を定義できるようになった。この意味でイスラーム教は、最終的に『ヨーロッパ』と呼ばれるようになるものに対し、最大の促進剤を与えた」[1]。

「中世」を特徴づけるのはキリスト教、封建制と騎士道であるが、デイヴィスは、封建制と騎士道に関して「封建制とは相互責務を生み、かつ規定する制度である。封臣が主君に対し服従と奉仕の責務を負い、主君は封臣を保護し扶養する責務を負う。カギとなる要素は重騎兵、忠誠、封土下賜、特権、私有の城、騎士制度である。騎士に求められるのは教会を守り、弱い者を助け、女性を敬い、国を愛すること、また主君に従い、異教徒と戦い、常に偽らず、節操および約束を守ることであった」[2]と述べている。

「中世」はイスラーム諸国に囲まれた閉鎖的な空間の中で、「教皇」という最高位聖職者を頂点とするローマ・カトリック教会がギリシア正教会と対立しながら（政治体制的には、神聖ローマ帝国とビザンティン帝国という二つの帝国の対立）、布教という名目で武装闘争によって領土を拡大し、被支配地域の人々の生活規範を細かく決定し（結果として、人々の無力感と不自由さによる来世信仰をもたらした）、その絶対的権威を政治、経済、社会、文化等のあらゆる領域に浸透させていった封建的で野蛮、偏狭、極端な残酷さと慈悲深さに支配された時代であった。

「中世」初期には、何らかの心身優位性と卓越性を持ったひとりの人間、もしくはその人間の血縁集団が、自分達が生存するための食糧確保を目的に暴力的ないしは聖的な示威行動によって大地を「囲い込み」（我有《所有》化）、「他者」を排除した。「囲い込んだ」土地を耕作する労働力として、土地を所有できない農奴を食糧および住居、衣料の提供を交換条件として集めた。それが発展し、土地と農奴を所有する封建制を確立させた。

王侯や貴族（後のUKにおいては、公・侯・伯・子・男爵という爵位性）は、さまざまな欲望から、ますます自己所有地を拡大させ、多数の農奴を所有し、その土地で小麦[3]、大麦等の農作物を生産し、それらを他地域の王侯や貴族と交換し、やがてそこから販売活動とそれらの農産物を専門的に仲介する「商人[4]」が生まれ、彼らが生産物を交換のための「商品」へと発展させた。その過程で王侯や貴族は自家の資産を増加させ、その資産を世襲し、自己所有地拡大のための戦争を開始した。戦争に勝利するために自らも戦闘員として「騎士」となり、あるいは騎兵、剣士、重騎兵等を大量に雇用し（軍隊化）、石城等を築いた。戦争要員である彼ら家臣は、主君に対して服従と奉仕の責務を負い、主君は家臣の功労に対して土地を贈り、彼らを保護し扶養する責務を負った封建制が制度化された。同時に戦争費用を調達するためにますます農奴を酷使し、農作物の生産量を拡大させ、農作物＝商品の交換頻度を高めた。

王侯や貴族が所有する私的軍隊による戦争の遂行（ジャンヌ・ダルクを有名にした一三三七〜一四五三年間のフランス人とイングランド人による『百年戦争』等）、戦果による自己領土の拡大（家臣への封土のために）と減少を繰り返した時代、王侯や貴族、騎士、商人、農奴という厳しい身分制度によって明確に区分けされ、それぞれの生活規範をローマ・カトリック教会とギリシア正教会に求めた時代が「中世」であった。

一方で「中世」における政治、経済、社会、文化等の最先進地域は「王」を頂点とし、行政を司る高度な官僚組織、統制型の経済組織を有する専制国家として成熟していた中国であった。さらにインド、イスラーム教の聖地メッカがあるサウジアラビア、現UAE等のアラビア湾岸諸国、イラン、イラク、シリア、トルコ等のイスラーム世界が、ヨーロッパ「中世」時代の最先進地域であった。

七一一年、イベリア半島に進出したイスラームのウマイヤ朝（首都は現在のシリア、ダマスカス）は、「西ゴート王国」（首都は現在のトレド）を滅亡させ、首都をコルドバとし、イベリア半島を支配した。

このイスラーム世界支配からの脱却をめざした動きが、七一八年から始まる「レコンキスタ」（スペイン語で再征服、国土回復運動）であり、約八〇〇年後、一四九二年のグラナダ再征服でようやく終焉した（ヨーロッパ側から見れば回復された。イスラーム世界側から見れば略奪された）。

また一〇九五年、ローマ教皇ウルバヌス二世の呼びかけにより、キリスト教の聖地でもあるエルサレムをイスラーム教徒の支配から奪還するために始められた第一回十字軍（Crusade）は一二七二年の第九回十字軍まで続いた。このようにイスラーム教徒との軍事衝突（イスラームから見れば、異教徒との「聖戦」《ジハード》）が繰り返されたのが、ヨーロッパの「中世」であった。

イスラーム世界との戦争に勝利するためにローマ・カトリック教会はその権威を高める必要が

あった。ドミニコ会、フランシスコ会等が中心となり、ヨーロッパ各地にゴシック式教会と修道院、修道院に付属する学校や大学を設立し、[5]そこで「神学」を学ばせ神父と修道士を養成し、彼らをキリスト教の布教活動に従事させた。修道院に付属する学校は「Schola」と呼ばれ、現在の「学校」(School)の起源となり、そのScholaで神学と哲学が融合され、一三世紀、イタリアで活躍したトマス・アクィナス等に代表される「スコラ哲学」思想が確立された。また中世の終盤、一四五〇年頃には、後の宗教改革等、「近代」の幕開けに大きな影響を与えたグーテンベルグによる印刷機がドイツのマインツ市に誕生した。その「中世」を不幸な「黒死病」(ペスト)が突如襲った。デイヴィスは、「一三四七~五〇年にかけてのペストにより、ヨーロッパで約三〇〇〇万人が亡くなり(当時のヨーロッパ人の約三人に一人)、そのことが労働力を不足させ封建制を崩壊させた。特にイングランドでは農奴は労働地代に替り貨幣地代を、家臣は軍役や裁判義務に替わって現金を納め、生産者の賃金が上がり貨幣経済が発達し来るべき資本主義の土台を形成した」と述べている。[6]

ヨーロッパの「中世」は、ヨーロッパとヨーロッパ人にとっての「他者」であるイスラームの「欲動」によって包囲されたことにより自身の「欲動」が喚起され、強固なキリスト教世界を構築した結果、「ヨーロッパ」および「ヨーロッパ人」としての自立的概念が形成され始めた時代と言える。

註

（1）ノーマン・デイヴィス（二〇〇〇）『ヨーロッパ　I　古代』四三九―四八六頁。

（2）ノーマン・デイヴィス（二〇〇〇）『ヨーロッパ　II　中世』別宮貞徳訳、共同通信社、三九―四七頁。

（3）「ヨーロッパが選択した小麦は大地を貪り、そのために定期的に大地を休ませることを必要とし、そのことがまた家畜の飼育を必要とし可能にもした。牛、馬、犂や荷車ぬきに、ヨーロッパの歴史を想像することはできない。小麦の栽培を選択した結果、ヨーロッパではつねに農業と家畜の飼育が結び付き、肉食の傾向を帯びることになった」（フェルナン・ブローデル（二〇〇九）『歴史入門』二三頁）。

（4）一四世紀に興隆の頂点を迎えたハンブルグ、ブレーメン等ドイツ北部の湾岸都市を中心とした商業団体「ハンザ同盟」が有名である。

（5）ヨーロッパ最古の大学　ボローニャ大学は一〇八八年設立。一一五〇年頃、パリ大学。一一六七年、オックスフォード大学設立。一三〇〇年代からは各地で大学の設立が急増した。

（6）ノーマン・デイヴィス（二〇〇〇）『ヨーロッパ　II　中世』二〇八―二一〇頁。

第2項　「中世」のスポーツ

ヨーロッパの「中世」において、スポーツはどのような姿を見せていたのだろうか。

トマは、「中世フランスの貴族階級は馬上試合、騎馬槍試合、狩猟を愛好した。一方、スールは民衆に愛された（サッカーの原型。二つの教区間の二つの村の対抗戦として、牛や豚の膀胱でできたシュールと呼ばれる皮製の大きなボールを相手チームのゴールに入れる競技）[1]。またジュ・ド・ポームはテニスの原型のゲームであり、戦争中でも、下は自由農民から、上は国王まで、聖職者をも含めた万民がこれを行った。そのため幾度となく禁令が公布された[2]」と明らかにする。

また稲垣らは、王侯、貴族、農民という明確な身分制に基づく「中世」のスポーツを「貴族は戦闘訓練と所領地の巡視を兼ねた狩猟を最も愛した。狩猟終了後に、村の教会や領主館の尖塔をめざす騎馬による競争『スティープル・チェイス』を楽しんだ。この遊びが後の馬術競技やクロスカントリー走、障害物走、ハードル競走、幅跳び等の陸上競技を生み出した。一方、農民のスポーツは農耕暦の中で展開され、村を単位として実施された。祝祭空間の中で五穀豊穣、家畜多産、子孫繁栄を祈念してダンスを踊り、石投げ、円盤投げ、競争、組討ち、焚き火跳び、処女の女性によるかけっこ等の民族伝承運動を楽しみ、九柱戯やスールのような素朴なゲームに興じた[3]」と説明する。

「中世」において、ただ生存するためだけに生きた農民とは異なり、王侯や貴族達は食糧確保と所領地の検分のために、あるいは「遊び」として自己所領地におけるキツネやウサギ等の「狩猟」、河川や湖沼における「釣り」、「登山」等を楽しんだ。

また騎士や剣士達は自らの生存と報酬確保のために（食糧、自己所有地、象徴としての高貴なる身分等の確保）、一騎打ち、馬上試合（トーナメント）[4]、古代ギリシア等でも行われていたボクシング、レスリング、パンクラティオンのような格闘技、剣や弓、盾や槍、騎馬戦等の戦闘技術、軍事訓練としての短距離走、長距離走、行進等を行い、それが「近代スポーツ」に繋がっていった。

いずれにしても、「中世」におけるスポーツは明確な身分制を前提に王侯や貴族達は王侯や貴族達のみで、騎士達は騎士達のみで、農民達は農民達のみでと、決して他の階層が交わることもない身分別ではあるが、同身分の中でともに競技をし勝敗を競い、観戦するという行為がなされていた。だがスポーツに身分制が反映されたことは、換言すれば異なる身分の「他者」を積極的に排除したことを意味し、その排除の精神が「近代スポーツ」の成立にも大きな影響を与えた。

註

(1)「H・ギルマイスターは、中世フランスで行われた、城塞をめぐる攻防戦をモデルとした騎士の競技『パダルム』がフットボールの原型であると主張した」(稲垣正浩・谷釜了正編著(一九九五)『スポーツ史講義』一〇一—一〇二頁(中房敏明執筆))。

(2) レイモン・トマ(一九九三)『新版　スポーツの歴史』五一—六一頁。

(3) 稲垣正浩・谷釜了正編著(一九九五)『スポーツ史講義』六〇—六六頁(谷釜了正執筆)。

(4)「トーナメント(tournament, tournoi)とは、もとをたどれば中世ヨーロッパで盛んに行われた騎士による馬上槍試合のことである。現在トーナメントという言葉は一試合形式を意味するが、これは中世の馬上槍試合のなかの一騎打ち戦の形式のみが、現在に伝えられているものだと思われる」（中江桂子（二〇〇六）「スポーツマンシップの起源」『スポーツ社会学研究 Vol. 14』四八―四九頁）。

第4節　近代のスポーツ概念の検討

第1項　「近代」の概観

本項では、現在まで続く「近代スポーツ」を生んだ「近代」をより詳細に考察する。本書における「近代」とは前述したように一六世紀から第一次世界大戦終了後までとする。そして「近代」において初めて「ヨーロッパ」および「ヨーロッパ人」という概念が確立されたと考える。その過程をデイヴィスは、「プロテスタント思想は、教育（聖書を読むことによる識字率の向上）、資本主義勃興等に大きな影響を与えた。一五三〇年代までキリスト教世界は、東方正教会とカトリックの二つだけであったが、プロテスタントが誕生し、プロテスタント自体も次から次へと分裂したため、人々は遂にキリスト教世界という言葉を使うことを止め、『ヨーロッパ』という言葉を使うようになった(1)」と説明する。

USAの社会学者、イマニュエル・ウォーラーステインが、『近代世界システム』で指摘したように、「近代」とは既に一四世紀、イタリアのフィレンツェを本拠地としたメディチ家の興隆とともに始まり、その興隆を支えたひとつが「ルネサンス精神」であった。「ルネサンス精神」

の成果をデイヴィスは、「人々は自分が住む、この世界の主になれるという自信を強めたこと[2]」と述べる。

同時にヨーロッパにおいては、この時期から経済活動が大いに加速し、世界を市場とする市場経済が誕生した。やがてその市場経済は資本主義と名づけられた。ではいかにしてその市場経済が「世界システム」として構築されたのか。ウォーラーステインは、「中核部、半辺境、辺境という三つの地域が実在し、これらの地域でそれぞれに異なった労働管理の様式が成立していたことが世界システムを生んだ。世界システムとは、固有の境界と組織構造と構成員、何らかの法体系、一体感等をもった社会システムである[3]」と、論考する。

ヨーロッパ「近代」における市場経済は、常に不均等な「差異」に基づく交換によって資本を蓄積してきた。そのために差異をもつ中心（頂点）と周縁（底辺）という対立構造を常に経済システムの中に維持してきた。その経済システムは、多数の周縁地域・国家が底辺として一部の中心地域・国を支えるツリー型の経済システムであった。その経済システムの中では、中心と周縁が緊張感溢れる差異を保ち（中心市場でなくなった場合は、そこは周縁市場として収奪、搾取される市場へと成り下がる。あるいは周辺市場は常に中心市場に成り上がることを欲望している）、常に中心と周縁地域、国家が闘争を繰り返してきた[4]。

ウォーラーステインが言う「世界システム」におけるヨーロッパの中心地は、一四世紀の北イタリアから、南北アメリカ大陸等の「新世界[5]」の発見により「新世界」を「周縁」とすることが可能となったポルトガル、スペイン、オランダ、ドイツ（フッガー家、ネッカー家、ロスチャイルド家等）、フランス、そして最後にＵＫへと変遷し、その資本の蓄積方法も重農主義、重商主義、一八三〇～一八六〇年以降に顕著となる金融資本主義、帝国主義へと変遷しながら発展した。

このような世界経済システムの中で資本主義が生まれ（詳細な検証は次項で行う）、資本主義を支えるための最適な共同体である国家が生まれ[6]、その国家を支えるために国民が、その国民を教育するために「理性」や「啓蒙主義」が必要となり、それを科学が支えることにより進歩という概念が確立された。スポーツもその国民国家形成のためのひとつの手段として生まれた。経済システムと絶対主義的王政国家の関係に関してウォーラーステインは、「新興の資本家層と旧来の貴族という二つの階層が何にもまして強い国家を望んだ。資本家層にとっては『絶対王政』国家は第一の顧客であり、地方でも国際的にも匪賊行為からの保護者であった。貴族層にとっては、国家とは資本家層にブレーキをかけ、伝統的身分の擁護者となり、秩序の維持者、奢侈の奨励者ともなった[7]」と説明する。

絶対主義的王政国家は、国王に対する貴族、ブルジョワジー等の絶対的服従状態を指し、国家財政の安定化のために（王侯の奢侈な生活を支えるために）、増税の徴収機能としての官僚制と常備軍保有を一セットとした国家体制を指す。その代表例がハプスブルク家が統治する神聖ローマ帝国、ルイ一四世下のフランス、ヴィクトリア王朝時代のＵＫ、プロイセン、ロマノフ朝下のロシア帝国、イスラームのオスマントルコ帝国であった。

その絶対主義的体制に対する独立運動が一七七六年にUSAで、一七八九年にフランスで起こった（その後、ナポレオン・ボナパルトによる独裁政治とヨーロッパ全体を巻き込んだ革命戦争が起こった）。これらの革命運動は個人の信仰の自由、平等、基本的人権、法治制度、立憲制度等を急速に発展させた。

このような時代を経てヨーロッパはいよいよヨーロッパとしてのクライマックス、「力とスピードの一九世紀」(8)を迎える。この一九世紀こそ、多くのヨーロッパ人達が自分達は全世界の頂点に君臨する全世界を支配する至高の存在と考え、非ヨーロッパ世界に対して傲慢に振る舞い、暴虐を繰り返し、同時にその揺るぎない自信を基に哲学、経済学、文学、絵画、音楽、社会主義、アナーキズム思想等において多大なる成果を挙げた世紀でもあった（多くの分野においてユダヤ人が活躍し始めた。また中産階級が成熟し人口が急激に増加した世紀でもある）(9)。

この一九世紀を経て一九一四年、オーストリア＝ハンガリー二重帝国の皇太子が、ボスニアの首都サラエヴォで、ハプスブルク統治に反対するセルビア人の秘密結社が送った暗殺団によって銃殺された。これに対してオーストリア＝ハンガリー帝国はセルビアに対して正式に宣戦布告し、その後ドイツ帝国がロシア、フランスに宣戦布告し、UKが（最終的にはUSAも）参戦し、ヨーロッパの五列強（一八一四〜一八一五年の『ウィーン会議』を構成したUK、フランス、プロイセン帝国、オーストリア帝国、ロシア帝国）は、九九年間、心を砕いて避けてきたにも関わらず全面戦争（第一次世界大戦）に突入した。やがて四年後の第一次世界大戦終戦とともに、世界の経済の中心地はロンドンからニューヨークに、政治、社会、文化の中心はヨーロッパからUSAに移りヨーロッパの没落が始まった。

ルネサンス、宗教改革[10]、哲学や科学[11]および科学技術の発達による理性と啓蒙主義の浸透、石炭、ガス、石油の利用によるエネルギー革命、市場経済システム、国家・国民制度、ナショナリズム、個人の尊厳と基本的人権、王と議会制の関係、三権分立、官僚制度、徴兵性による軍備強化の確立、革命と戦争等が複合的に発生し「ヨーロッパ」が世界の中心地域となり、「ヨーロッパ人」が世界のあらゆる領域で主人公として大活躍した時代が「近代」であった。

そのヨーロッパの中でも自国の約一二五倍の植民地を所有し、自信と自負に満ちた世界の主人公として世界の頂点に立った「大英帝国」の心臓部分、UKにおいて「近代スポーツ」が誕生した。そして栄華を極めた「大英帝国」から独立したUSAにおいて、UKとは極めて異なるUSA的な「近代スポーツ」が誕生した。次項において、その誕生の背景と事由を考察する。

註

(1) ノーマン・デイヴィス(二〇〇〇)『ヨーロッパ　Ⅱ　中世』三五〇頁。
(2) 同右、三一〇—三二一頁。
(3) イマニュエル・ウォーラーステイン(二〇〇六)『近代世界システムⅠ』一二五頁。
(4) フェルナン・ブローデルが指摘したように、「中心化」、「脱中心化」、「再中心化」のサイクルは、中心が変化、流動するため、あらたな「大地化」、「脱大地化」、「再大地化」と「領土化」、「脱領土化」、「再領土化」のサイクルも同時に生む（フェルナン・ブローデル（二〇〇九）『歴史入門』。参照）。

（5）「大英帝国は、UK本国の約一二五倍の領土を支配していた」（ノーマン・デイヴィス（二〇〇〇）『ヨーロッパ Ⅴ 現代』 別宮貞徳訳、共同通信社、二七七頁）。

（6）「国家の存在は、暴力を組織化する運動そのもののなかにある。つまり、よりつよい暴力を組織化した集団が、その暴力にもとづいて人びとを支配し、富を徴収するところに、国家の基本形はみいだされる。そうした基本形をささえるのは人間のあいだの主従関係だ。その主従関係によって、暴力の組織化も、支配も、富の持続的な徴収もなりたつ」（萱野稔人（二〇〇五）『国家とはなにか』以文社、一八六頁）。

（7）イマニュエル・ウォーラーステイン（二〇〇六）『近代世界システムⅠ』一九二頁。

（8）ノーマン・デイヴィス（二〇〇〇）『ヨーロッパ Ⅲ 近世』 別宮貞徳訳、共同通信社、三〇一頁。

（9）「人口増加はヨーロッパの活力を示す一番確かな指標のひとつである。大ざっぱな言い方をすれば、ヨーロッパの人口は一八〇〇年には約一億五〇〇〇万だったが、一九一四年には四億以上に膨れあがっている」（同右、三二四頁）。

（10）「一六、七世紀のヨーロッパ全域で闘わされたイデオロギー論争―宗教改革対反宗教改革―は強い国家の形成と資本主義的なシステムの成立という二つの現象と分かちがたく結びついていた。一六世紀の農業に逆戻りした地域がカトリックの反宗教改革が勝利した地域であり、工業化の方向を辿った諸国がプロテスタントとして留まった地域であった」（イマニュエル・ウォーラーステイン（二〇〇六）『近代世界システムⅠ』二二一頁）。

(11)「科学革命は一六世紀中期から一七世紀中期の間に起きた、『キリスト教勃興以来最も重要なできごと』。ルネサンス人文主義から必然的に出てきた動きで、プロテスタント的な物の見方も助けになった。天文学を初め、天文学的データの収集解析に必要な数学、光学、物理が発達し、人間の本質や人間のおかれた状況についての認識にも変化をもたらした」(ノーマン・デイヴィス(二〇〇〇)『ヨーロッパ Ⅱ 中世』三七〇―三七五頁)。

第2項 UKにおける「近代スポーツ」

「近代」において、さまざまな地域でさまざまな「近代スポーツ」が誕生、成立したが、本項では資本主義との関係を基軸にUKにおける「近代スポーツ」、特にサッカーを中心に考察する。USAのスポーツ社会学者、アレン・グットマンはサッカーの発展史を以下のように論考する。

①近代サッカーは民俗フットボールを一九世紀風にアレンジしたもの。一八四八年、ケンブリッジ大学に集まったイートン校、ハロー校、ラグビー校等、各校別々のルールでプレイしていた一四人の学生達が集まり、一緒にプレイできるように共通ルールを取り決めた。

②ゲームの名は、このスポーツがフットボール協会《アソシエーション》(FA)によって組織、運営されたことに由来する。サッカー協会は一八六三年十月二六日、すなわち学生達が共通ルールに合意した「近代サッカー史上最も重要な日」にロンドンで設立された。

③近代サッカーは中流階級の娯楽として始まった。パブリックスクールのOB達はサッカーを自分達の占有物にしたがったが、サッカーは階級を越えてまたたくまに下へと拡がり、一八七〇年以降は工場労働者のクラブが多数誕生した[1]。

④サッカーの伝播には多くのヨーロッパ人が関わったが、当初はイギリスの軍人、外交関係者、貿易商人、宣教師、教師らによって大英帝国の片隅と、「いまだユニオンジャックがはためかぬ地」に持ち込まれた。

⑤サッカーを初めとする近代スポーツを最初に受容したのは、イギリスか自国のイギリス人学校で教育を受けたコスモポリタンたる仕来の支配階層の子弟達、次にスポーツに娯楽と同時に地位向上を求めるブルジョワだった。

⑥サッカーは、農村に住む頑強な人々や都市に住む屈強なプロレタリアートが荒々しくプレイする粗野な男らしいスポーツと認識されてきた[2]。

サッカーが成立した一八六三年は、UKが最も輝いた時代と評される、ヴィクトリア女王が君臨した「ヴィクトリア朝時代」（一八三七～一九〇一年）であった。一八〇〇年代後半は、「産業革命[3]」を経て世界の経済の中心地がアムステルダムからロンドンに移り、例えば以下のようなことが起こった。

一八五一年　ロンドンのハイド・パークにおける、鉄とガラスの近代的建築物「水晶宮」をシンボルとする第一回万国博覧会開催。
一八五七年　世界最古のプロサッカークラブ、「シェフィールドFC」設立。
一八五九年　チャールズ・ダーウィン『種の起源』出版。
一八六二年　ロンドンにおける第三回万国博覧会開催。
一八六三年　サッカー協会（FA。Football Association）設立。
一八六七年　カール・マルクス『資本論　第一部』出版。
一八七一年　ラグビー協会（Rugby Football Union）設立。
（一八九四年　ピエール・ド・クーベルタンが近代オリンピック提唱。ＩＯＣ設立）。
（一八九六年　第一回近代オリンピック　アテネ大会開催）。

世界の中心地ロンドンに世界中の物産、芸術品、研究者、作家等が集まり、ロンドンは世界最先端のショーケースとして機能した(4)。そのような時代状況を背景にサッカー、ラグビー、ホッケー、クリケット等のスポーツが現在の形にと明文化された（誕生した）。

ロンドンを中心に、一九世紀のＵＫにおいて市場経済システムから徐々に「資本主義」が立ち上がった。この資本主義の発生を支えたブルジョワジーこそが、ＵＫにおけるサッカーやラグビー等「近代スポーツ」成立の立役者であり、資本主義精神に見られる「ある精神」＝「恨み」がスポーツにも流れ込んだ。ではまず資本主義の考察から始めたい。

一九〇二年、著書『近代資本主義』において初めて「資本主義」という言葉を使ったのが、ドイツの経済学者、ヴェルナー・ゾンバルトであった。ゾンバルトは、「恨み」に基づく資本主義精神を「『恨み』が、資本主義の精神の歴史の中で一つの役割を果たした。窮乏から生まれた小市民的生活に甘んじている人々は、貴族達の振舞いを罪深いものと決めつけ、さらにすべての貴族風の生活方式を断念するよう説教した[5]」と述べ、このゾンバルドの「恨み」を受けて、京都大学名誉教授の佐伯啓思は、「資本主義の精神の中には、もともとゾンバルトが『恨み』と呼んだような、ある種の精神状態があった。だからこそ、それは無限で無目的な発展と、競争を志向した[6]」、「『資本主義』は、無限に拡張しようとする運動であり、合理的な経営、勤勉の精神といったものではない[7]」と論考する。またフランスの歴史学者、フェルナン・ブローデルは、「資本主義は世界の不平等性の産物であり、他者の奴隷的労働がなかったら、まったく成長し得なかった[8]」と説明する。

資本主義はある意味「欲望」の別名であり、それゆえ無限に続く運動であり、その「欲望」の原初的発生には「他者」=強者に対する「私」=弱者の「ルサンティマン」、「恨み」、「嫉妬」、「劣等感」、「怒り」が大きく関わっていた。

資本主義発生の主人公であるブルジョワジーは自分達を新興勢力（成り上がり=弱者達）として、これまで徹底して抑圧、差別、軽蔑してきた王侯や貴族（強者達=既成勢力）に対して、極めて強く深い「ルサンティマン」(9)、「恨み」、「嫉妬」、「劣等感」、「怒り」を抱いてきた。王侯や貴族達を自分達の支配下に貶め、自分達が主人公として全世界を支配したいと願い続けたことが資本主義を発展させた。自分達が極限まで資産を増大させたとしても、王侯や貴族達は決して自分達を認めない。そのため、王侯や貴族達が農民達を搾取し続け、数百年の間に身につけた国際的な教養（国境を越えた王侯、貴族階級限定の交流）、知性、優雅さ、嗜み、品性等の高貴なる貴族性に対しても「ルサンティマン」、「恨み」、「嫉妬」、「劣等感」、「怒り」を抱き続けてきた。

サッカー、ラグビー、クリケット、ホッケー等の「近代スポーツ」は中世以来、王侯や貴族達が愛してきた狩猟、釣り、ハイキング、登山等に対抗する形でブルジョワジーが主導権を握り成立させたスポーツである。そのため、それらの「近代スポーツ」の中に王侯、貴族達に対する「ルサンティマン」、「恨み」、「嫉妬」、「劣等感」、「怒り」と反知性、反教養、反優雅、反品性的傾向（サッカーは民俗フットボールからも暴力性、野蛮性、闘争性が同時に流れ込んでいる）等がそのまま流れ込んだ。ブルジョワジーにとって「近代スポーツ」は、王侯や貴族に「負けてなるものか！」、「いつかお前たちを追い越してやる！」というエネルギッシュな自分達ブルジョワジーの存在を象徴し、自分達の存在理由と存在価値をストレートに表現する愛して止まない対象であった。ブルジョワジーは、この「近代スポーツ」を利用して王侯や貴族達に対する「ルサンティマン」、「恨み」、「嫉妬」、「劣等感」、「怒り」を発散しようとした。

ブルジョワジーは王侯や貴族達とプロレタリアートの中間に存在したがゆえに、両者に対して自己の優位性、卓越性を誇示し続けなくては生き残れない存在（階級）であった。そのため常に「負けてなるものか！」、「最後に勝利者になってやる！」と自己を鼓舞し、「他者」と競争し勝利を得なければ、その存在が王侯や貴族達とプロレタリアート両階級から無視、否定されてしまうという立ち止まることが許されない存在だった。彼らブルジョワジーは「他者」との競争と、「他者」に対する勝利を常に強いられ続けたからこそ、それを逆手にとって「他者」との競争と「他者」に対する勝利こそがブルジョワジーの存在理由を示す行為と考え、そのような行為、つまりスポーツを溺愛した。ブルジョワジーにとっての規範と道徳でもある「競争と勝利」をそのままスポーツにも流し込み、スポーツのルールをより明確に策定し（地域別に多数のローカルルールが存在したため）、フェアプレイ精神と競争、達成、記録原理に基づいた「近代スポーツ」に競技、観戦、賭け、投資等を通じて積極的に関わり支え続けた。自分達ブルジョワジーのための「近代スポーツ」を猛烈に愛し、「近代スポーツ」に関わることを子弟に奨励し、「近代スポーツ」によって子弟を教育し（ブルジョワジーを拡大再生産するために）、王侯や貴族達とプロレタリアート両階級に対する自階級の優位性と卓越性を継続的に誇示し続けた。「近代スポーツ」というゲームの主人公は王侯や貴族達、プロレタリアート階級ではなく、自分達ブルジョワジーなのだと主張し続けた。それがブルジョワジーと「近代スポーツ」の関係である。

さらにブルジョワジーは王侯や貴族達が先に創設した会員制のスポーツクラブに対抗して、自分達が所有者となり、自分達の意のままに経営できるプロスポーツクラブを創設し、ブルジョワジー、貴族や王侯に激しい「ルサンティマン」、「恨み」、「嫉妬」、「劣等感」、「怒り」を抱く、主にプロレタリアート出身のプロ選手や監督等を「使用人」として雇用し、同じブルジョワ達が所有するプロスポーツクラブと共同してプロリーグを形成し、王侯や貴族が掲げる「エリート」、「アマチュアリズム」思想を象徴するクラブを超越しようとした。

「近代スポーツ」を自分達ブルジョワジーの子弟[10]のための人格形成教育として取り入れたのが、ラグビー校等のパブリック・スクール[11]であり、そのパブリック・スクールにおいてはラグビー、ホッケー、クリケット等のチーム・ゲームこそが男子生徒の人格形成（人格陶冶）にとって最善の手段であるという「アスレティシズム（Athleticism）」思想が浸透した。この「アスレティシズム」思想の目的は、「オフサイド」や対戦相手への傷害や競技の阻害等を禁止する厳格なルール設定とそのルールの遵守によって、チームメイトと競争相手の「他者」に敬意を抱き、フェアプレイ精神を持ち公正に競技をすることによって、（広大な植民地を支配する）大英帝国を象徴する立派な「ジェントルマン」へと成長させることであった。反則を犯さず公正に競技をし、競技終了後には勝敗に対する野性的な感情露出を抑制し、敗者は勝者を称える「グッドルーザー」（より善き敗者）となり、勝者は敗者の公正さ、勇気と奮闘を心から称え、競争相手としての畏敬と感謝の念を持ち、敗者の手を高く掲げることにより真の勝者となる。こうして競技は完結し（ノーサイドとなり勝者も敗者も等価の存在となり）、勝敗の結果を記録と記憶に残しながら、すべての競技者が日常の世界に「より善く」なって戻る、それがゲームの効果であり、そのゲームを通じて世界を支配する「本物のジェントルマン」に成長させる、それが「アスレティシズム」の中核思想であった。

このような「近代スポーツ」誕生の背景には一七世紀に生まれたデカルトの哲学、「身体は精神とは異なり延長するもの」（身体は長さ、高さ、深さにおいて延長するが、精神は延長しない）、かつ科学の対象（身体は進歩可能な対象であり、まるで機械のように機能する）という認識があったであろうし、また多数の「他者」との競争による勝利、すなわち生き残り思想は当時流行した生存淘汰説を唱えたダーウィニズム等からも大きな影響を受けたと思われる。

こうしてサッカーやラグビー等の「近代スポーツ」はＵＫのブルジョワジーによって支えられ成長した。ＵＫにおいて世界で最も早く資本主義が発達し、世界で最も早くブルジョワジーが力を持ったがゆえに世界で最初にサッカーやラグビー等の「近代スポーツ」が誕生し、発展したのである。

註

（1）アレン・グットマン（一九九七）『スポーツと帝国―近代スポーツと文化帝国主義―』谷川稔、石井昌幸、池田恵子、石井芳枝訳、昭和堂、五〇―五二頁。
（2）同右、八四―八五頁。
（3）「産業革命を包括的な現象として、遠く深い起源を暗示する緩慢な現象として捉えるというのが最近の主な傾向である」（イマニュエル・ウォーラーステイン（二〇〇六）『近代世界システムⅡ』、一三四頁)。

(4)「イギリスには強大な首都が成立、発達して文化や経済の国民的統合の力強い推進力となった。しかもイギリスは、大陸が大混乱に陥っていたこの時代に、常備軍もなくして国内の平和を維持することができたが、これが産業発展の一因となった」(イマニュエル・ウォーラーステイン(二〇〇六)『近代世界システムⅡ』川北稔訳、岩波モダンクラシックス、一〇三頁)。

・「ロンドンは、都市国家ではなく、イギリス諸島の首都であり、その資格において、強大な国民市場の力を付与された」(フェルナン・ブローデル(二〇〇九)『歴史入門』一二〇頁)。

・「イギリスには一つの中心、一五世紀になって速やかに経済と政治の中心となったロンドンしか存在しなかった。ロンドンは同時に、イギリス市場をロンドンの便宜に、それゆえその地の大商人の便宜に合わせる形で作り上げていった」(フェルナン・ブローデル(二〇〇九)『歴史入門』一二七頁)。

(5)ヴェルナー・ゾンバルト(一九九〇)『ブルジョワ　近代経済人の精神史』金森誠也訳、中央公論社、四五〇頁。

(6)佐伯啓思(一九九三)『「欲望」と資本主義━終わりなき拡張の論理』講談社現代新書、一〇二頁。

(7)同右、一八九頁。

(8)フェルナン・ブローデル(二〇〇九)『歴史入門』一一七頁。

(9)「逆倒された価値秩序」(和辻哲郎(二〇〇七)『倫理学(二)』岩波文庫、五八頁)

(10)貴族の第二子以降の子供達等によって形成されるジェントリーも含む。当時、貴族の財産継承権は長子にしか認められなかった。

（11）当時の王侯や貴族階級の長子の教育方法の主流は、広大な邸宅に住み込んだ家庭教師による徹底した個別教育（プライベート教育）と国外への留学だった。その個別教育に相対する意味でのパブリック＝共同教育である。

・「一九世紀のパブリック・スクールはジェントルマンを育成するための中心的教育機関であったが、一九世紀末から二〇世紀初頭にかけて、帝国主義的風潮と呼応しながら、競技形式の集団スポーツを人格陶冶の教育手段として重視する独特な教育イデオロギー『アスレティシズム』が急速に普及した」、「パブリック・スクールでは、伝統的な知育（人文主義教養）よりも体育を重視する『反知性主義』的傾向が強く、クリケットやフットボールの試合を通じて習得される勇気、忍耐、規律、協同、集団精神等の諸資質が称賛され、『ゲーム崇拝』が生まれた」、「同時期に高揚した社会進化論と統合したアスレティシズムは、いまや帝国主義的海外膨張を支えるイデオロギーの一部となり、クリケットとフットボールが行われたパブリック・スクールのグラウンドは、帝国の礎石とみなされるようになった」（村岡健次・木畑洋一編（一九九一）『世界歴史大系　イギリス史　3—近現代』山川出版社、二〇九—二一〇頁）。

第3項　USAにおける「近代スポーツ」

この項では、一七七六年、UKから独立した[1]USAにおける「近代スポーツ」の発展史を考察する。USAがヨーロッパの国々と比較して大きく異なるのは、一七七六年以前には国家として存在していなかったことである。スポーツと同様に人工的に造られた国家である。UK等から移住してきた多様な人々が過去を捨て、新たな国民、「アメリカ人」[2]の集合体としてリ・スタートした国家、それがUSAである。そこには、「ルサンティマン」、「恨み」、「嫉妬」、「劣等感」、「怒り」をぶつける対象、既成勢力が存在していなかった、これがUKにおける「近代スポーツ」の発展史の背景と大きく異なる点である。

そのような新国家USAの各都市において、一九世紀末の三〇年間にUSA的な「近代スポーツ」が急速に発達した事由と、[3]「近代スポーツ」の「アメリカ的特性」を、スポーツ史学者の小田切毅一は、「観戦や賭けを通じて『見るスポーツ』としての合理化と組織化を計ったこと。競技に参加し競争するために、愛好者仲間のクラブ化と連合化を行ったこと[4]」、「フロンティア気質に基づいた興奮、勝利への執着、自己拡大への熱狂的願望、スター志向が強烈であったこと。次に、ルール（規範・約束事）を徹底させ、スピード性と機動性を高めたこと。最後に実利性を重視し、さまざまなスポーツを折衷させたことが特徴である[5]」と論考する。

独立後わずか一〇〇年も満たない間に、これほどまでに「近代スポーツ」、「プロスポーツ」が興隆した国は世界でも類を見ないであろう。驚異的な「近代スポーツ」の発展スピードである。

この驚異的な発展スピードの背景には、かつて移住者達が暮らしたUK、フランス、オランダ、スペイン等の国々における、国王を頂点とする窮屈で固定的な身分制度、法律、経済システム、伝統、習慣等がまったく存在しないという圧倒的な開放感と自由感があった。何よりも移住前には土地を所有した経験がほとんどない人々の眼前に、広大な未開拓地、未所有の大地が拡がっていたことが大きな要因となり発展スピードが加速した。(6) ネイティブ・アメリカンの居住地を除けば、広大な大地は希望と輝かしい未来を与えてくれ、この自然豊かな大地を自身と家族の才覚、勇気だけで「囲い込み」、「領土化」できる機会が「いま、ここ」に待ち受けている。条件的に困難な大地を開拓すれば、怖れを知らない勇気とフロンティアスピリット溢れるパイオニアとして、多くの「他者」から尊敬される。その貴重なチャンスを誰よりもいち早くつかみ、「より善く」生きたいという強い想いが移住者たちの勇気や闘争心、競争心に火をつけ、それらの溢れんばかりのエネルギーが「近代スポーツ」を急速に発展させるエネルギーをも生んだのではないだろうか。現在においてもUSAという国家は「チャンスの国」、「移民の国」と言われるが、USAという国家とその国民であるアメリカ人は開放、享楽、快楽、肯定、楽天、個人（自己責任）、革新、未来志向の投資、攻撃、プラグマティズム性等に溢れているが、それらのUSAらしさ、アメリカ人らしさがUSAの「近代スポーツ」にも同時に流れ込んだ。

USAの「近代スポーツ」にはUKのブルジョワジー達が「近代スポーツ」に込めた、湿った「ルサンティマン」、「恨み」、「嫉妬」、「劣等感」、「怒り」等の感情や、社交のため、人格形成のため（アスレティシズム）、フェアプレイ精神の重視（その精神の象徴である反則＝オフサイド）という意識は極めて希薄である。むしろUKのスポーツ観のアンチテーゼとして非常に乾いた、攻撃的、絢爛豪華でスペクタクル性に溢れ、ドラマ性が豊富で飽きがこない、浪費的、娯楽的、未来志向の投資性を非常に重視するスポーツ観が形成された。このスポーツ観に基づいて、未開拓地を探し移動する人々の娯楽として、あるいは移動や開拓資金を得ようとする人々を対象に賭けボクシング、賭けを前提とした競馬等の興行が毎日どこかの都市で開催された。それらボクシングや競馬等の興行主や競技参加者が重宝され、やがて彼らが人気者＝スターへと成長し[7]、そのスターに投資しようとする人間がさらに多数現れた。それが「やり手」の興行主によるスター選手を集めたプロスポーツビジネスの興隆へと繋がっていった[8]。同時に賭け（ギャンブル）の実施に伴い、フェアプレイ精神ではなく、利益（儲け）を公正に分配しなければ銃の暴力にさらされるという恐怖からルールが速やかに整備された。

こうしてUSAで生まれた「近代スポーツ」は、UKで生まれた「近代スポーツ」とは大きく異なり、この違いが現在のプロサッカークラブの株主達の株式購入事由の違いへと繋がった。

註

（1）「アメリカの独立は、ヨーロッパの良識ある人々に、自分達の君主制を懐疑させるきっかけとなった。合衆国憲法の七つの条項は、啓蒙思想を最も明確に表現している。民主、共和、合理、合法主義、社会契約説、三権分立論が反映されている」（ノーマン・デイヴィス（二〇〇〇）『ヨーロッパ　Ⅲ　近世』一〇六頁）。

・合衆国憲法の前文には、「われら合衆国の国民は、より完全な連邦を形成し、正義を樹立し、国内の平穏を保障し、共同の防衛に備え、一般の福祉を増進し、われとわれらの子孫のために自由の恵沢を確保する目的をもって、ここにアメリカ合衆国のためにこの憲法を制定し、確定する」と書かれている。
（2）「一九世紀のあいだにヨーロッパからアメリカに移住した者の数は、約二〇〇〇万人と見積もることができる」（ヴェルナー・ゾンバルト（一九九〇）『ブルジョワ　近代経済人の精神史』四〇二頁）。
・「土地財産を基本とする個人主義的な自由な経済こそが、アメリカの資本主義の理念」（佐伯啓思（二〇一五）『二〇世紀とは何だったのか　西洋の没落とグローバリズム』ＰＨＰ文庫、二六三頁）。
（3）小田切毅一は次のように発展史をまとめている（小田切毅一（一九八二）『アメリカスポーツの文化史』不昧堂出版、一四四―一八三頁）。

一八五二年　ボストンにYMCA（Young Men's Christian Association）設立。
一八六六年　ニューヨーク・アスレチッククラブ設立。
一八六九年　野球チーム、ブルックリンのエクセルシオーズチームがプロ化。
一八七一年　アメリカ大学漕艇協会、全米職業野球人協会、全米ライフル協会設立。
一八七三年　全米アマチュア・オールマン協会設立。
一八七五年　全米ボウリング連盟設立。
一八七六年　大学フットボール協会設立。
一八七八年　ボストンサイクリングクラブ設立。
一八七九年　全米弓技協会、合衆国アマチュア・ラクロース協会設立、アメリカ・アマチュア競技者全国協会設立、マディソン・スクエアガーデン創設。
一八八〇年　全米カヌー協会設立。
一八八四年　アメリカ・フットボール協会（サッカー）、合衆国スケート協会設立。
一八八五年　アメリカ体育振興協会設立。
一八八七年　アメリカ・ホッケー協会、フォックスバーグ・ゴルフクラブ、ＹＭＣＡスプリングフィールド指導者養成学校設立。
一八八八年　アマチュア競技連盟（AAU。Amateur Athletic Union）設立。
一八九二年　ジェームズ・ネイスミスがバスケットボールを考案。
オハイオ州で体育の必修化（九七年ウイスコンシン州、九九年ノースダコタ州）。
一八九四年　合衆国ゴルフ協会設立。
一八九五年　ウィリアム・Ｇ・モーガンがバレーボールを考案。
一八九六年　アマチュア・ホッケー連盟設立（第一回近代オリンピック　アテネ大会）。
・「交通・電話・通信等の科学技術の発達がスポーツを発展させた（印刷機の改良、写真技術の発展《報道と記録の進歩》）、ミシン（スポーツウェアの量産化）、電灯（ナイター施設とゲーム）、硬化ゴムの開発（テニス、ゴルフ）、自転車の流行（ジョン・ボイド・ダンロップが一八八八年、空気入りタイヤを発明）等」（同上、二〇二―二〇四頁）。
（4）同右、一四三―一四四頁。
（5）同右、一八二―一八三頁。

（6）「風土を著しく変えるとともに人間自身をも変えることに成功したのがアメリカ的人間なのである」（和辻哲郎（二〇〇七）『倫理学（三）』岩波文庫、三五八頁）。
（7）「競技会のプロモーターと選手自身も、英雄的な売名行為や賭けることに傾倒し、スポーツを思考したり、勝つことを名誉とは見なさなかった」（小田切毅一（一九八二）『アメリカスポーツの文化史』一四八頁）。
（8）「スポーツ・イベント（アトラクション）を催したり、ゲームをパトロナイズすることを道楽とする人と楽天的で浪費的で好奇心が旺盛な、物見高い取り巻きによって成立し、スポーツの場をにぎやかなものにした」（同右、九七頁）。

第4項　近代のスポーツ概念の検討

一九世紀後半、「近代」のUKとUSAで生まれた「近代スポーツ」は、資本主義の推進エンジン役であった新興勢力のブルジョワジーが自階級の存在理由と存在価値を強烈にプレゼンテーションするツールとして生み育てたがゆえに、「ブルジョワ精神」が非常に色濃く反映されたものとなった。ブルジョワジーのエネルギーと闘争心、常に「他者」との勝敗を求める性向が「近代スポーツ」の血肉となった結果、「近代スポーツ」は非常に闘争的、競争的で、躍動感溢れるものとなった。

特にUKで生まれたサッカー、ラグビー、クリケット等には、王侯、貴族達が愛した狩猟や釣り、登山等に相対するものとして生まれたため、ブルジョワジーが王侯や貴族達に抱く「ルサンティマン」、「恨み」、「嫉妬」、「劣等感」、「怒り」等の要素が、そのまま流れ込んだ。

一方、USAで生まれたバスケットボールやバレーボール等は「オフサイド」のルールがないことに象徴されるように、彼らのかつての母国であったUK生まれの「近代スポーツ」とは大きく異なり、人格形成や教育等の目的はなく、飲食と会話を主目的とした観戦と賭けを伴った享楽性溢れる興行として発達し、他国には見られないほどの驚異的なスピードで多競技種目におけるプロスポーツ化が進行した。

このような新興勢力のブルジョワジーによるスポーツの庇護と利用は、「近代」のUKとUSAのみで観られる現象ではない。例えば日本において二〇〇五年に発生した、当時のベンチャーIT企業による五〇年ぶりに新設されたプロ野球球団の筆頭株主の公募と選考、および既存プロ野球球団の筆頭株主の変更等は、まさに新興のベンチャー企業によるプロスポーツの利用であり、彼らベンチャー企業によるプロスポーツの大いなる改革でもあった。いかなる時代と地域においても、エネルギッシュなプロスポーツを支持し愛するのは、その時代と地域において最もエネルギッシュに「いま、ここに」勃興し、既成勢力を超越せんとする個人、もしくは団体である。ある意味、それがプロスポーツの持つ本質であり、そのような様態でしか存在できないのがプロスポーツの宿命なのかもしれない。ここまでの考察を経て、ブルジョワジーによって生み育てられた「近代スポーツ」を一言で表現するならば、「勝利のための生々しく、荒々しい闘争的競争」

と表現できる。

また「近代スポーツ」を成立させた根源要素は「近代」になって初めて顕在化した、個人が自由に使える「私の時間」であった。競技規則を創り、「他者」との競争が可能になったのも、私自身が時間を所有し、自分自身の力で自信をもって時間をマネジメントできたからである。その中心にいたのは当初はブルジョワジーだけであったが、「近代スポーツ」の愛好者は王侯や貴族、官僚や企業管理職等の中間階級、プロレタリアートへと拡がり、また近代オリンピック開催等の動きとともに、UK、USA以外のヨーロッパ大陸、ヨーロッパ諸国の植民地等に拡散し、世界中で急速に増加した。

第5節　現代のスポーツ概念の検討

現代は「無限に増殖する欲望の時代」であり、欲望の肥大化は永遠に止まらないのではないかと思うほどである。このような時代の中でスポーツも永遠に止まらない欲望の対象のひとつとなった。

第一次世界大戦終了後の一九二一年より、世界の中心はヨーロッパから徐々にUSAに移った。また第一次世界大戦中の一九一七年にはロシア革命が起こり、ボルシェヴィキ独裁、レーニン体制を経て狂気のスターリン独裁体制が構築され、一九二九年にはニューヨークを発信源とする

「大恐慌」が起こった。第一次世界大戦終了後の大不況から、ドイツでは一九三四年にアドルフ・ヒトラー率いるナチス政権が全権を掌握し、スターリンの狂気の社会主義政策に続く、もうひとつの狂気がヨーロッパで始まった。ヨーロッパを襲った二つの狂気をデイヴィスは、「二度の世界大戦による破壊は、計り知れない被害を世界中におよぼしたが、ヨーロッパ最大の人口を誇るふたつの国が狂暴な政権に掌握され、国内に渦巻いた憎悪のために、戦死者を上回る一〇〇〇万人もの人々が殺害された。将来の歴史家は、一九一四年から一九四五年までの三〇年間を、ヨーロッパが正気を失っていた時代として振り返るにちがいない[1]」と記述している。

ナチス政権は国内的には国威発揚のため、対外的にはナチズムの正当性と正統性をアピールするために夏季、冬季オリンピック大会を最大限、政治的に利用した。「一九三六年ベルリン大会」では近代オリンピック大会初の聖火リレーが行われ、その模様はレニー・リーフェンシュタール監督の記録映画『オリンピア』（ヴェネツィア映画祭最高賞受賞作品）にも描かれている[2]。この大会において日本は初の女性金メダリストを生んだ。競泳平泳ぎ、前畑秀子のパフォーマンスに対するNHK河西三省アナウンサーの絶叫アナウンス、「前畑、がんばれ！」は日本のスポーツ史上に残る迫力ある実況中継となった[3]。ナチス政権はベルリン大会に続き同年一九三六年に、冬季オリンピック大会、「ガルミッシュ・パルテンキルヘン大会」も開催した[4]。

第二次世界大戦終了後には米ソ冷戦時代が始まり、スポーツの世界においては社会主義ブロック、特にドイツ民主共和国（東ドイツ）では、ドイツ連邦共和国（西ドイツ）に対して自国の優越性を誇示する国家戦略として莫大な国家予算を投入し「ステート・アマチュア」を育成し（八〜一〇歳程度から将来有望であろう選手を隔離し、特別に育成しドーピングによる身体強化と秘密警察シュタージ《Stasi》による監視行為を含めて）[5]、オリンピック大会での好成績を残した。またソビエト社会主義共和国連邦（ソ連）は一九八〇年にモスクワオリンピックを開催したがUSAや日本、中国等五〇か国がボイコットしたことにより、その報復として一九八四年のロサンゼルス大会[6]をボイコットした。

現代の資本主義世界に生きざるを得ない、世界の多くの人々が抱く「身体観」は、「身体とは資産である」という認識ではないだろうか。自己の欲望をスムースに実現できる状態、すなわち「健康」[7]である身体を原資として、より高い満足を得たい。そのために、より効果的、効率的にスポーツと関わりたい。そのような想いで、多くの人々がスポーツと関わっているのではないだろうか。ならば、そのような想いを適確に言語化した現代のスポーツ概念は、一体どのような概念であるべきか。このことを明確にするために、先行する現代のスポーツ概念を検討する。

スポーツ文化研究者の中村敏雄らは、『二一世紀スポーツ大事典』において、以下のように多数の研究者のスポーツ概念をまとめている[8]。

●ジレ（B.Gillet）「スポーツとは遊戯、競争、はげしい肉体活動の三つの要素で構成される身体活動である」。

●ディーム（Diem, C.）「スポーツとは遊びがルールに規制されて競争されたものである」。

●クーベルタン（Coubertin, P.de）「進歩への欲求に立ち、危険を冒しても先に進もうとする集中的な筋肉の努力に対する自発的で日常的な信仰である」。

●リュッシェン（Luschen, G.）「スポーツとは身体的な技術を用いる活動である」。

●エドワーズ（Edwards, H.）「スポーツとは身体的努力の発揮を強調する活動である」。

●ロイ（Roy, J.W.）「スポーツとは身体的卓越性を表す活動である」。

●ワイス（Weiss, P.）「スポーツとは身体的卓越性をめざす人たちが示す、ルールによって伝統化された一つの形式である」。

●キーティング（Keating, J.W.）「スポーツの本質は競争だが、『競技（Athletics）』とは反対に、穏やかさや寛大さとともに楽しさの特徴をもつ」。

●フレイリー（Fraleigh, W.P.）「スポーツとは同意したルールのもとで、身体的卓越性を相互に追求することである」。

●マッキントッシュ（Mcintosh, P.C.）「スポーツの概念を定義することは困難であるが、スポーツは以下のように分類できる。競争的スポーツ（competitive sports）、格闘的スポーツ（combat sports）、征服的スポーツ（conquest sports）、体操」。

またシェリル・ベルクマン・ドゥルーは、スポーツを「競争であり、他者と共同で努力すること[9]」、早稲田大学教授の友添秀則は、「近代スポーツが保持してきた資本の論理等を中核にした、人間の身体運動に関わる文化の総体[10]」、広島大学教授の樋口聡は、「スポーツは、遊戯性、組織性、競争性、身体性をもつ[11]」、日本体育大学教授の関根正美は、「スポーツは、達成する存在＝人間による独創的達成[12]」と論考する。

右記の研究者達によるスポーツの概念は、どれも非常に適確で驚嘆するばかりである。だが学問は先行研究の批判的検討の連続であり、先行研究の超克である。その視点に立つと、まことに残念ながら引用したスポーツ概念の多くが、スポーツ競技者の視点のみから言語化されており、そのような競技関係者中心的な概念では現在のスポーツを的確に表現することはできない。確かにスポーツは制度化された競技規則の下、公開された大会やゲーム等で「他者」と競争し、勝利を得ようとする身体的活動、誰かが誰かと競技をしなければ成立しない営為であるが、その営為は原初的、第一次的営為にしか過ぎず、その営為のみで現在のスポーツが成立しているわけではない、そのことは、これまで度々指摘してきた通りである。

例えば、競技規則の制定を競技者は行わない。競技者は制定された競技規則に基づき競技をするだけである。また大規模な競技大会を競技者自身は開催しない、競技者は大会に参加するだけである。大会の放映権をテレビ、WEB等のメディアへ販売する、大会のスポンサー、チケット、大会ライセンス商品を企画販売する、警備や消防を含む大会を運営すること等、それら現在のスポーツを成立させる非常に重要な作業に競技者はなにひとつ携わらない。極論すれば、大会構成者の一要素である競技者は特定の競技者である必要はなく、競技を成立させるために「誰かが」競技をすればよい置換可能な存在なのである。そのような、はかない存在であることに気づかず、あるいは気づいたことの反動からなのか、「他者」と「他者」の想いを無視し、古典的で競技者中心主義的なスポーツ概念に拘泥し、その概念のみで、現在の人々とスポーツの関わり方を解釈しようとする姿勢は公正、公平ではない。

例えば、日本のプロスポーツ選手がメディアにおいてしばしば発する言葉、「裏方さん」（自分達選手を表方だと思い込んでいる。スポーツには表も裏もなく、スポーツに関わるすべての存在は等価である）、あるいはアマチュア選手が頻繁に発する「夢と希望を与えるために競技をしている」（それは観戦者が自由に感じ考えることで、競技者に強制されることではない。競技者は、多数の『他者』を内在化させた自分自身のためだけに競技をする）等に象徴される競技者の思考と表現の稚拙さは、全競技関係者達（競技者、競技指導者、競技協会・連盟等）の傲慢さと学習不足、それを甘やかしている観戦者、メディア、研究者等にも大きな責任がある。いずれにしても知性と品性に欠ける言動はスポーツの価値を著しく低下させる。そのことにより自覚的になる必要がある。全競技関係者にそれらのことを教育することは（学び、教える）、重要なオリンピック・〝レガシー〟である。

競技者および競技関係者がスポーツを構成する重要な要素であったとしても、彼らはあくまでもスポーツを構成する一構成員、一要素にしか過ぎない。彼らはスポーツに関わる多数の「他者」、観戦者、ビジネスパーソン、投資者等とまったく等価の存在である。スポーツへの関わり方がそもそも異なるために、それら多数の「他者」の間に上下関係は存在しない。

同様に、観戦者、ビジネスパーソン、投資者は競技者や競技関係者より上位の存在であり、競技関係者達は自分達、非競技関係者の言うことを素直に聞き、ただ黙って競技をすればよいという考えも大きな間違いである。例えば、「あなたは選手であり、私はあなたの報酬を支払っているクラブの会長だ」、「お前はコーチで、監督である俺の単なる部下なんだよ！」と、自己優越性を得るために「私」と「他者」、あるいは「他者」と「他者」との間に固定化した上下関係を確立しようとするから、ハラスメント、体罰、暴力等の許しがたい行為が生じる。そこには、そもそも関係性は流動的であり（クラブを移籍すれば、会長―競技者としての関係は消滅する）、その関係性はいつでも容易に逆転する蓋然性（元選手が明日から会長になる）があることを理解していない（あるいは理解し怯えている）。

また人がスポーツに関わるきっかけは、実に多様である。大切な家族を失い、その深い悲しみから逃れるために、リングの上で死んでもいいとのタナトス的な想いからボクシングを始める人間もいれば、家庭内暴力から逃れ、いつかその加害者に必ず復讐してやる、貧しい家庭を支えるために何としてでもプロスポーツ選手となり報酬を得たい、病気で亡くなった大切な方々のために行政組織の一員としてスポーツ政策に関わる等、実に多種多様である。多種多様な想いを持ち人はスポーツに関わっている。そのようなことを一切想像せず、光り輝く絶対的な善であるスポーツに（あるいはオリンピック大会に）、すべての人がただ無批判的に喜んで関わっている、そのようにしか考えない人間はあまりにも知性と想像力（思いやり）を欠いている。想像力が欠如している人間は、スポーツによって心身に大きなダメージを受け、スポーツを嫌悪、憎悪している人間が現実に多数存在していることも当然のことながら理解できない。

では、本章をまとめる。ここまでの歴史的考察を経て言えることは、ヨーロッパの歴史は「他者」認識の歴史である。イスラーム世界という「他者」を意識し始めてヨーロッパ人という概念が、神を意識し人間、「他者」を意識し「私」、王侯、貴族を意識しブルジョワジーという概念が成立した歴史である。同様なことがスポーツにも言える。ヨーロッパのスポーツの歴史は「他者」認識の歴史である。

近代のスポーツの特徴は、欲望と感情を露わにした「私」が、同様の状態の「他者」と、生々しい勝利を求めて、ただ単純にお互いの全身体を激しく直接ぶつけ合い闘争的に競争をするだけであったが、現在のスポーツの特徴は、欲望と感情を抑制し（隠し）、ＩＴ等を駆使し直接的な全身体的接触を避けながら、「他者」と「他者」との間の間接的な「共感創出」をいかに速く、拡く、深く創出できるのかという知的レベルが上がり（高度に巧妙な）、関わり方が細分化され（スポンサーとしてのみ大会に関わる）、役割が明確化した（株主として、クラブの経営は経営者に委任する）闘争的な競争へと大きく変化した。

そのような競争、現在のスポーツの特徴が最も先鋭的、明確に現れている世界がプロサッカーの世界である。プロサッカーの世界はプロサッカークラブに関わるステークホルダー達(Stakeholder)、クラブ経営に関わる株主、ゲームの観戦チケット、クラブ・ライセンス商品の購入者等の顧客、スポンサー等のクラブに関わる全利害関係者達が、それぞれの「欲働」でクラブに関わり、他のプロサッカークラブと毎週、闘争的な競争を繰り広げ、その勝敗を巡る感情露出と共有が日々、世界中で激しく行われている世界である。

同時にプロサッカーの世界は世界最大の競技関係者、観戦者数(商品・サービスの購入者)、関係企業数等によって構成される世界最大の市場規模を有し、世界最先端の事象が繰り広げられる非常にドライで闘争的なビジネスの世界でもある。よって、あらたなスポーツ概念を構築したいと願う者は、この市場経済世界の中で、現在的な闘争性が最も明確に現れているプロサッカービジネスの現状分析を避けて通ることはできない。

次章、第3章において、あらたなスポーツ概念を構築するための必要不可欠な概念要素、「他者」、「欲働」、「公共性」、「尊厳」、「倫理」を再考察し、最終章、第4章のプロサッカービジネスを通じて、あらたなスポーツ概念の正当性と正統性を証明する。

註

(1) ノーマン・デイヴィス(二〇〇〇)『ヨーロッパ V 現代』別宮貞徳訳、共同通信社、一一一一二頁。

（2）、（3）、（4）ＪＯＣのホームページ内「オリンピックコラム　オリンピックの歴史　3．激動の時代を迎えたオリンピック」http://www.joc.or.jp/column/olympic/history/003.html

（5）竹村瑞穂（二〇〇九）「『他者による身体所有』としてのドーピング問題」『体育・スポーツ哲学研究　第31巻　第2号』九五―一〇七頁。

（6）オフィシャル・スポンサー制度の導入、観戦チケット、テレビ放映権の高額販売等によって開催後には最終利益を確保し、以後のオリンピックビジネスに道を拓いた記念碑的大会となった。

（7）一九九八年のＷＨＯによる健康の定義提案。「Health is a dynamic state of complete physical, mental, spiritual and social well-being and not merely the absence of disease or infirmity」（健康とは、病気ではないとか、弱っていないということではなく、肉体的にも、精神的にも、自己尊厳的にも（スピリチュアル的にも）、そして社会的にも、すべてが満たされた連続的な《ダイナミックな》状態）。（公益社団法人日本ＷＨＯ協会ホームページ内「健康の定義について」http://www.japan-who.or.jp/commodity/kenko.html）

（8）中村敏雄／高橋健夫／寒川恒夫／友添秀則　編集主幹（二〇一五）『21世紀スポーツ大事典』、（友添秀則四―三五頁）。

（9）シェリル・ベルクマン・ドゥルー（二〇一二）『スポーツ哲学の入門　スポーツの本質と倫理的諸問題』　川谷茂樹訳、ナカニシヤ出版、五頁。

（10）友添秀則（二〇〇八）「体育における人間形成に関する研究」『人間科学研究　第21巻　第2号』早稲田大学人間科学研究科　博士（人間科学）学位論文、四三頁。https://waseda.repo.nii.ac.jp/

(11) 樋口聡（一九八七）『スポーツの美学』不昧堂出版、三一頁。
(12) 関根正美（一九九九）『スポーツの哲学的研究：ハンス・レンクの達成思想』不昧堂出版、七四頁。

第3章　あらたなスポーツ概念の再提示

第1節　スポーツと「他者」

ここで改めて、これまで盛んに使用してきた言葉、「他者」を考察したい。「他者」はいかなる存在なのか。「他者」はスポーツといかなる関係を持つのか。それらを明らかにするために、まずは「他者」という存在の在り方（様態）を、次にスポーツとの関係を考察する。

第1章でも述べたように、「他者」は「他人」という意味だけではなく、過去の私、未来の私、植物、動物、自然等を含む非常に幅広い意味を持つ言葉であるが、本書では主に「他人」という意味で使用している。

「他者」問題は、哲学において非常に重要な問題のひとつである。それゆえ多くの哲学者達が「他者」に関する素晴らしい論考を残している。

例えば、ドイツの哲学者、エトムント・フッサールは、「世界構成の共同の担い手である」[1]、ハイデッガーは、「共同現存在」[2]、レヴィナスは、「私が責任を負っている相手」[3]、「他者の顔は『汝殺すなかれ』と命じる」[4]、ドゥルーズ、ガタリは、「他者が存在するからこそ複数の主体が存在するのであって、その逆ではない」[5]、「他者は、ひとつの可能的なものの表現として出現することになる」[6]、東京大学教授の熊野哲彦は、「他者とは、私とはことなるもの。私との絶対的な差異であるもの」[7]、「他者は〈私〉のうちに食いこみ、私は他者を身のうちに懐胎している[8]」と論考している。

彼ら哲学者達の論考を検討した上で、本書では以下のように「他者」を考える。「他者」は、その存在なくして、決して私が存在しえないもの、私が存在しなければ「他者」は決して存在しない共同存在的なものである。私の側に引き寄せて言えば、「私が可能となる」、「私を根拠づける」存在が「他者」である。

ただし「他者」は常に私に先立ち、先所与的に存在する。私は多数の「他者」の間から、「他者」の存在の後から徐々に立ち上がっていく存在であるため、「他者」と私は非対称的な関係である。「他者」と私の間には、時間的に埋めることのできない差異がある。

その非対称性と差異性は、人間の誕生と成長の過程を省察すればより明確になる。私は、私よりも先に存在していた「他者」である母と父の間から誕生し、私よりも先に存在していた多数の「他者」によって構成されている社会の中で成長してきた。多数の「他者」の間で「他者」との差異性を徐々に明確に認識することによって、「他者」とは違う私を定立しつつ生きてきた。

現在生きている私の前には、多数の亡くなった「他者」が存在する。レヴィナスが言うように、私は亡くなった「他者」のことを想い、「他者」のために「他者」の苦難や死に責任を負いながら生きる[9]。私が死を迎えた後も、多数の「他者」は即自的に存在する（私自身は現実存在しないために、私にとっては、もはや『他者』は存在しない）。だが、死後も私は「他者」の中で生き続ける。そのような関係が、「他者」と私の関係である。私は常に「他者」とともにいる。「他者」は常に私とともにいる。私は「他者」のために生き（利他の心で）、「他者」は「他者」としての私のために生きる。

また「他者」は、私に先行して存在するがゆえに拒否することができない存在であり、ただ贈与として受け取り、歓待するしかない存在である。その歓待を通じて多数の「他者」から認知されなければ生きていくことができない存在、それが私である。

それゆえ常に私は多数の「他者」に関心を抱き、まなざしを送り、その応答として多数の「他者」から関心を持たれ、まなざしが送り返されることを期待して生きている。多数の「他者」から関心とまなざしが送り返された場合は悦びと満足（充足）を覚え、関心とまなざしが送り返されなかった場合は哀しみや不安に侵される。

このような関心とまなざしの交換が私を定立させ、同時に「他者」と私が相互の存在を必要不可欠な存在であると再確認、再承認させる。この交換行為を不要な行為と見なした場合、それは「他者」から私が排除され、私が「他者」を排除することを意味する。私は、「他者への関心」と「他者からの関心」が等価に交換されなければ、あるいは不等価交換のままでは存在することに苦痛と困難さを覚える存在である。私は「他者」なくして「善」や「価値」を形成することができない（必要が生じない）。私は「他者」とともに「共通善」や「共通価値」を確認し合いながら、お互いの「欲働」をありのままの姿で受容しようと努力する存在である。

そして最後に、「私」（例えば、あなた）が「どうか私の尊厳を尊重して欲しい」と、あなたにとっての「他者」（例えば、筆者）に求めるように、筆者も（『私』も）、筆者にとっての「他者」であるあなたに同様のことを求める、つまり「私」と「他者」はお互い相手に同じことを求める、しかし同時にお互い「思い通りにはならない存在である」という点では等価な存在なんだと深く納得しなければ、スポーツにおける「他者」の重要性、つまりは「他者」があって初めて成立するゲームであるスポーツを正しくとらえることはできない。

ではこのように考察した「他者」は、スポーツといかに関係するのか。そこで例えば、サッカーにおける「他者」との関係を考えたい。

私がサッカーに最初に興味を抱くのは、サッカーのゲームを直接観戦する、あるいは昨夜の劇的なゲームの話を誰かから間接的に聞くからだ。私は「他者」の存在なくしてサッカーというゲームを知ることはない。私が初めてゲームを観戦した際に驚くことは（兄が競技するゲームをスタジアムで初観戦、あるいはワールドカップの決勝をテレビで初観戦しようと）、私以外の多数の「他者」が競技者としてゲームに参加し、多数の「他者」が応援する、それら「他者」が発する騒々しい音である。その賑やかな音に慣れ、少し落ち着いて競技者の華麗なプレイを観ながら、横に座っている「他者」である父や兄から、「他者」によって創られたサッカーの競技規則と、「他者」によって長期間競技、観戦、投資、研究等をされてきたスポーツのひとつであることを教えられ、学ぶ。

その後、サッカーに強い関心を抱き、競技関係者として、あるいは自分の街のプロサッカークラブのサポーターとして、そして二〇年後には競技関係者のエージェント（代理人）としてビジネス的に関わろうと、サッカーに関わることは、常に「他者」と関わることを意味する。「他者」に関わることなく、人はサッカーに、スポーツに関わることはできない。

そしてサッカーとさまざまに関わる中で、私とは違う「他者」の想い（欲動）と関わり方を知る。例えば日本人競技者として、「このバスク人監督のトレーニング方法は、これまで体験したことがない。なるほど彼らバスク人は、ゲームで役立たないトレーニングをするのは無駄、ゲームこそが最高のコーチと考えているのか」（この日本人競技者はとても素直だが、なぜ私に言われたこと以上のプレイをしないのか）、「どうしてこのアメリカ人達は、こんなスペクタクルなゲームを観ないで、ワインを飲んで騒いでばかりいるのか」（この日本人は写真ばかりを撮っている。何が楽しいのだろうか）、「あのタイ人のオーナーはクラブの株式を上場して、大金持ちになることだけが目的なのか」（極限の貧しさを知らない日本人には、私の考えは理解できないのだろう）等、私と「他者」の違いに驚き、そしてその違いを理解し、了解する。人はサッカーを通じて目的や目標の異なる「他者」の存在を知り、そのような「他者」が世界中におそらくは多数存在し、そのような「他者」と同時的に、共同的に私は存在しているのだと理解する。それが、サッカー、スポーツと「他者」との関係である。

では次節で、その「他者」の「欲動」を考察する。

註

（1）エトムント・フッサール（二〇一二）『間主観性の現象学　その方法』浜渦辰二訳、ちくま学芸文庫、四二九頁。

（2）マルティン・ハイデッガー（一九九四）『存在と時間　上』細谷貞雄訳、ちくま学芸文庫、二六〇頁。

（3）エマニュエル・レヴィナス（一九九三）『われわれのあいだで』合田正人、谷口博史訳、叢書・ウニベルシタス、一四八頁。

（4）同右、二三四頁。

（5）ジル・ドゥルーズ、フェリックス・ガタリ（二〇一二）『哲学とは何か』三一頁。

（6）同右、三三頁。

（7）熊野哲彦（二〇〇七）『レヴィナス―移ろいゆくものへの視線』岩波文庫、vii。

（8）同右、二四五頁。

（9）「他人のために苦痛をおぼえ、他人のために『死ぬほど苦しむこと』。他者の身代わりになること。他者に対して責任を負うこと。有罪者として生き残ること。他人の死は私のことがらである。私の死において私は、私が犯した過ちとしてこの死を死ぬ」（エマニュエル・レヴィナス（一九九四）『神・死・時間』合田正人訳、叢書・ウニベルシタス、五四頁）。

第2節　スポーツと「欲動」

本節では、第1章において「望ましさ」（価値）と「善さ」を実現しようとする強い想いと規定した「欲動」を再考する。最初に「欲動」の意味を、次に「欲動」はスポーツといかなる関係性を持つのかを明らかにする。

「欲動」とは、「いま、まさに、ここ」という点的時間と空間の中で、欲望が生き生きと現実化、現働化している状態を表す筆者の造語である。では、「欲動」の源泉である欲望とはなにか。

オランダの哲学者、バルーフ・デ・スピノザは、「欲望とは、人間の本質そのものである(1)」、「人間が存在する＝生き続けようとする努力を『コナトゥス』（Conatus）」と説明する。(2)このスピノザの論考を基に、フランスの哲学者、フレデリック・ロルドンは、「存在するとは欲望するということ。コナトゥスの自由とは、欲望し欲望の追求のために突進する自由にほかならない(3)」と述べる。また佐伯は「自分とモノとの間の乗り越えがたい『距離』（障害）こそが、欲望と価値を生む。価値がより高まれば、欲望もより高まるという運動が果てしなく続く(4)」、「他人が欲するものを欲することが欲望であり、欲望の充足である消費は、『他人のまなざし』を必要とする。欲望の充足は本質的に社会的なことである(5)」と論考する。彼らの欲望に関する考察を基に、次のように欲望を考える。

多数の「他者」に関心を持ちながら実存する人間の本質が欲望であるとするならば、当然のことながら私の欲望は常に多数の「他者」に向かう。私の欲望は多数の「他者」が存在しなければ発生しない。私の欲望が向かう対象のひとつが、多数の「他者」が先に関わっているスポーツである。私はスポーツに関わろうと欲望することによって「他者」と関わろうと欲望する。欲望は充足の対象を次々に求めて無限に続く運動であるため、私がスポーツに関わろうとする欲望も無限に続き、スポーツの中で「他者」を発見すれば、「他者」との競争意識を刺激され、欲望はさらに高まり無限にループしながら拡大再生産され、その闘争性を増していく。欲望は過去、現在[6]、未来、それぞれの時間様相の中で変容しながらも、決して途切れることなく可能態として持続的、潜在的に存在するものであるが、その欲望が「いま、まさに、ここ」で現実化、実態化、現働化している状態、対象を変えながら流れ続ける欲望を「いま、まさに、ここ」で瞬間的に切り取った状態を、「欲動」と名付けたい。

例えば二〇年ほど前から、世界で最も古いゴルフコースと言われているスコットランドの「セント・アンドリュース・オールドコース」(Old Course at St Andrews)で競技をし、何とか八〇台にスコアをまとめたいと想い続け、それが今年二〇一八年九月一日にようやく実現できた。そしてスコアも七五だった。その時の、得も言われぬ高揚感、満足感、悦びが「欲動」である。この場合の欲望は、二〇年間このコースで競技し、ベストスコアを出したいと願い続けてきたことであるが、移り気でわがままな欲望は、その一か月後の十月には、いつかウィーンでオペラばかりを鑑賞して過ごしたい、あるいはその三か月後の一二月にはアルゼンチンの大学で哲学を教えたいと次々に形を変えながらも永遠に続いていく。だが、「欲働」は、二〇一八年九月一日に、憧れのコースで七五というスコアを「いま、まさに、ここ」で実現できた、二〇年間の想いを遂に現実化、具現化できたと感極まり、感動の頂点にいる気分を表現した言葉として本書では使用する。「欲働」は欲望とは異なり、可能態ではなく現実態として「いま、まさに、ここ」という点的時間と点的空間の中にしか位置づけられない言葉として使用する。

同時に、「欲働」とは、「いま、まさに、ここ」に、私から「他者」への関心が具現化している状態を指し示す言葉としても使用する。よって本書で使用する「欲働」という言葉は、欲望の現働化状態と、「他者」への関心の具現化という二つの状態を指し示す言葉として使用する。

また本書で使用する「欲働」は、オーストリアの精神分析学者、ジークムント・フロイトが使用する「欲動」とは異なる言葉であることを明確にしておく。

フロイトが使用する「欲動」は、「エロスの欲動と破壊欲動で構成されている(7)」というものであり、生きるために止めることができない根源的衝動という意味を持つ。よって筆者の造語である「欲働」と、フロイトが使用する「欲動」とはまったく異なる言葉である。

では、「欲働」とスポーツとの関係はどのようなものであろうか。

例えば卓球の競技者として、ここ三年間どの大会においても常に決勝で負け続けてきた世界チャンピオンに遂に勝利することができた、あるいは幼い頃から三〇年間憧れてきた世界最高のヨットレースにスポンサーとしてようやく関わることができた、あるいは孫の出場するバレーボール大会のボランティアとしてようやく大会に参加できた等、何らかの形で関わることを長い間欲望してきたスポーツに、「いま、まさに、ここ」で関わることができた、それが実現された瞬間の最高度の悦び、あるいは、一〇年間株主であり続けた野球チームがようやくリーグ優勝をしたという最強度の解放感と快楽感が、「いま、まさに、ここに」顕現している状態を指す。

そして何より「欲働」とスポーツとの相似点は、始まりと終わりがあるということである。変わりゆくからこそ、終わりがあるからこそ、「いま、まさに、ここに」でそれぞれのゲームの中で全身体の細胞をすべて燃焼させ、それぞれの欲望を「欲働」として明確に顕現させ、その実現の悦びを多数の「他者」と共有し、「他者」との連帯感を一層強固にしよう、絆を深めようとする。スポーツにおける「欲働」の矢印は常に「他者」との連帯感を強固にする方向を指す。

註

(1) バルーフ・デ・スピノザ(二〇〇四)『エチカ(上)』畠中尚志訳、岩波文庫、二三六頁。
(2) 同右、一七七頁。
(3) フレデリック・ロルドン(二〇一二)『なぜ私たちは、喜んで〝資本主義の奴隷〟になるのか?新自由主義における欲望と隷属』杉村昌昭訳、作品社、二六頁。
(4) 佐伯啓思(一九九三)『「欲望」と資本主義—終わりなき拡張の論理』八七頁。
(5) 同右、一五四頁。

（6）「『現在』は、他の時間構成〈『過去』と『未来』の構成〉の『根源』である。時間直線のうえでの『過去』―『現在』―『未来』というように並ばない。そもそも、そうした時間直線の構成を可能にするのが『現在』である。『現在』は、『過去』にも『未来』にも先立つ」（エトムント・フッサール（二〇一六）『内的時間意識の現象学』谷徹訳、ちくま学芸文庫、二二六頁）。

（7）ジークムント・フロイト（二〇〇八）『人はなぜ戦争をするのか　エロスとタナトス』中山元訳、光文社古典新訳文庫、二五―二六頁。

第3節　スポーツと「公共性」

スポーツと公共性の関係を考える。なぜか。それは、スポーツが「公共」的存在（「公」的存在ではない）へと発展する可能性を持った営為だと考えるからである。

公共性に関して、早稲田大学教授の齋藤純一は、「オープンであること。価値の複数性を条件とし、共通の世界にそれぞれの仕方で関心をいだく人々の間に生成する言説の空間である」と論考している。(1)

本書では、多数の「他者」の間に投げ込まれている私がまず多数の「他者」の存在を肯定し、「他者」に何かを話しかけ、「他者」から何らかの応答があった瞬間に公共性が立ち上がると考える。私と多数の「他者」は何度も応答を繰り返すことによって、「なるほど、そういう考えもあるのか」、「そう言われれば、確かにその通りだな」と相互が腑に落ちる、納得する、共感する、了承する瞬間に初めて、等価的、間主観的、間身体的、共有可能的、すなわち公共的な言説空間が誕生すると考える。

この公共性をスポーツの世界で考えれば、例えば「X社が、スペインのプロサッカークラブの筆頭株主となった」という事実を多数者が論じ始めた瞬間に公共性が成立する。多数者がX社の「欲働」を肯定／否定し、また共感／反発する等、討議を開始することによりスポーツの言説空間において公共性が誕生する。あるいは、「なぜドーピングは善くない行為なのか」、「なぜ体罰は善くないのか」、「競技者間の経済格差は果たして公正な競争をもたらすのか」等の問題に対する最適解を発見しようと懸命に研究、討議し、それらの営為を通じて多数者が使用可能となるスポーツに関する公共的言語が形成され、その公共的言語を頻繁に使用し、さらなる討議を積み重ねることによってスポーツは多数者のためにより開かれた「より善き」公共的存在になることができる。スポーツにおける「より善き」公共性は、ひとりでも多くの人間がスポーツに関心を持ち（スポーツに無関心な人々の存在にも大いなる関心を持ち）、スポーツに関わる「他者の欲働」を承認し、スポーツにおける私と「他者」との「望ましき関係」、「より善き関係」を考えようとすること、「スポーツといかにより善く関わるのか」という討議に積極的に参加し続けようとする努力、「コナトゥス」によって確立される。

註

（1）齋藤純一（二〇〇〇）『公共性（思考のフロンティア）』岩波書店、五―六頁。

第4節　スポーツと「尊厳」

では次に、尊厳、そして尊厳とスポーツの関係を考えたい。

日本大学教授の蟻川恒正は、「尊厳（dignité）の語源は、ラテン語の dignitas であり、dignitas とは称賛や尊敬、名声、信望、およびそれに伴う高い位階や外見上の威厳のことである」[1]、京都大学名誉教授の加藤尚武は、「尊厳は、特定の事実に還元することができない、無限の価値をもつことを意味する」[2]と説明する。

本書では、「尊厳」を次のように考え、スポーツにおける「他者」の尊厳の尊重こそが、スポーツを「より善き」公共的存在にすると考える。

私は多数の「他者」の間から生成され、やがて「他者」から分離する。「他者」からの分離後、覚悟をもってただひとりで大地に立ち生き抜いていくために、私は私を私として能動的、積極的に定立しなければならない。その定立を最根源から可能とするものが尊厳である。尊厳は、私が私であるために絶対的に必要不可欠な動因であり、「他者」から否定、攻撃されることを断固として拒否する不可侵なもの、それなくしては私が私として存在しえない、「他者」に譲渡不能なものと考える。尊厳こそが私を成立させる最根源動因であるため、多数の「他者」は、多数の私の存在が、多数の不可侵な尊厳によって生じていることを了解し生きている。そのことを多数者が極めて重要であると認識し続けたがゆえに、尊厳の尊重は近代における基本的人権のひとつとなり、平等権に繋がり、多くの国の憲法において根本の、最高の、不可侵の基準となった。「他者」の尊厳を否定する行為は尊厳を否定された側の激しい怒りによる破壊的な行為を招きかねない。その破壊的な行為は数千年にわたる人類のすべての秩序化行為を無とし、世界を再びカオスへと差し戻してしまう危険な行為へと発展するかもしれない。「他者」の尊厳を否定するようなハラスメント、暴力、体罰等がスポーツの世界で起きた場合、その愚かな行為は、現在まで約五〇〇〇年にわたり発展してきたスポーツを一瞬にして破壊し消滅させる、取り返しのつかない行為になるかもしれない、そのことを忘れるべきではない。

註

（1）蟻川恒正（二〇一六）『尊厳と身分―憲法的思惟と「日本」という問題』岩波書店、五七―五八頁。

（2）加藤尚武（一九九七）『現代倫理学入門』講談社学術文庫、九八頁。

第5節　スポーツと「倫理」

本書のもうひとつの目的は、「スポーツといかにより善く関わるのか」という問いに対する最適解を提示することであった。その解を提示するにあたって最後に、倫理とスポーツの関係を考えたい。

なぜなら「倫理とはなにか」を考えることが、「他者」との最善の在り方の答えに繋がるためである。同時にハラスメント、暴力、体罰、ドーピング、大会誘致のための贈収賄事件等が、果たして「より善き」行為なのか。「より善き行為」でないとしたら、それらの行為をいかにして軽減させることができるのか、それらの問題を解決するために極めて有効な指針を与えることができるのではないかと考えるためである。「他者」との最善の在り方、倫理を思考し続けることは、スポーツを「より善きもの」へと発展させる原動力となる。

「倫理とはなにか」、その問いに対して哲学者、和辻哲郎は次のように述べている。「『倫』は『なかま』を意味するとともにまた人間存在における一定の行為的連関の仕方をも意味する。そこからして倫は人間存在における『きまり』『かた』すなわち『秩序』を意味することになる。倫理は人間の共同体的存在をそれとしてあらしめるところの秩序、道にほかならぬのである。いいかえれば倫理とは社会存在の理法である(1)」。

また同志社大学名誉教授の工藤和男は、道徳と倫理の違い、倫理的思考に関して次のように論考している。「道徳は自然に出来上がっている共同体のルールであり、それに従う生き方。倫理はルール（規範）を吟味する生き方であり、新しい規範。道徳は遵法に、倫理は立法に重点がある[2]」、「倫理的思考とは、事実に関わる科学技術の成果を価値の世界に組み込み、その価値を普遍化する努力[3]」。

そして、レヴィナスは、「（他のためにその身代わりとなる一者）の可能性が倫理[4]」、「倫理は、存在するとは別の仕方であり、存在より善きもの[5]」、齋藤純一は、ハンナ・アーレントの定義を紹介しながら、倫理を「他者に現れたいとあなたが願うように在れ。他者に現れたいとあなたが願うようにあなた自身に現れよ」と明らかにしている[6]。

それらの論考を基に、本書では倫理は慈愛（尊厳の尊重、大切にすること[7]）によって「他者」に関心を持ち、「他者」のために「より善く」生きようとする自律行為の選択基準であり、倫理学は、その選択基準の正当性、限界、実現可能性を考察し続ける学問だと考える。

「他者」は私を成立させる最根源的存在であるがゆえに、私自身が「より善く」生きようとすれば、私の最根源存在である「他者」に関心を抱きつつ、「他者」のために「より善く」生きるしかない。

だがその結論の正当性を理解していても最終的には「他者」を犠牲にし、私を救済する行為を選択してしまう。「他者」の犠牲の上に成立した自己救済は「他者」を救済することができない、それゆえ真なる自己救済ではないと苦悩し、悔悟しながらも、そのことを括弧に入れ、忘却しなければ生き続けられない。その哀しみと苦しさから逃げず、そのことの原因、動機、オルタナティブな行為とは何か、そのことを省察し続ける学問が倫理学[8]だと考える。

慈愛をもって、ただ「他者」のためだけに生きることは非常に困難な、不可能に近い行為である。だがその不可能性、困難さを見事に克服、実践し、「他者」を救済した後に、自ら死を選んだ人間がいたならば、その人間は聖人として崇められ、感謝され続けられるべきである。その聖人が「私」に示し、私を救済してくれたすべての行為を私のすべての行為の規範とする、そのことにより聖人は常に私とともに生き続け、私が何度も救済されるたびに、「今度こそは聖人に恩返しをしたい」、聖人に恩返しするためにはいかなる行為を選択し実践すれば善いのか、そのことを思考し、実践し続けることこそが「私」、すなわち筆者にとっての倫理の実現である。倫理は、「他者」に対する無償の愛と友愛から始まる。この倫理の定義をもとに、「スポーツといかにより善く関わるのか」という問いに対する最適解を提示したい。「スポーツといかにより善く関わる」かは、スポーツに関わる、さまざまな想いを抱く多数の「他者」への慈愛から始まる。闘争的な競争関係の中にあるからこそ、競争的関係を成立させる根源的な要素であるからこそ、「他者」への慈愛が最も大切な要素となる。

ちなみに第1章でも紹介した、ＩＯＣが規定した「ＩＯＣ倫理規定　二〇一六」(ETHICS)の「A　根本原則」第一条には、「普遍的な倫理の根本原則を尊重することは、オリンピズムの基礎である」と書かれ、「B　行動の高潔性」には、詐欺、汚職行為、競技大会に関わる報酬、手数料、利益、サービスの要求と贈賄の禁止が明記されているが、それらの記述はむしろ、オリンピック関係者という閉じられた共同体内での規則（ルール）であり、「～をしてはならない」という否定形で語られる道徳であって、倫理とは呼べないと考える。その根底には、日本人の私が考える道徳と倫理の関係が、そもそもヨーロッパが生んだＩＯＣ関係者の思考の中では反転しているのかもしれない、そのことも付け加えておく。

註

（1）和辻哲郎（二〇〇七）『倫理学（一）』岩波文庫、二二頁。
（2）工藤和男（二〇〇六）『くらしとつながりの倫理学』一三―一四頁。
（3）工藤和男（二〇一〇）『いのちとすまいの倫理学 改訂版』晃洋書房、五頁。
（4）エマニュエル・レヴィナス（一九九三）『われわれのあいだで』三頁。
（5）エマニュエル・レヴィナス（一九九四）『神・死・時間』三一五頁。
（6）齋藤純一（二〇〇〇）『公共性（思考のフロンティア）』一〇六―一〇七頁。
（7）工藤は、「愛は思いやりであり、つながる力である」と述べ、ヨーロッパの愛には、エロース（好きになる）、アガペー（大切にする。無償の愛。仏教用語の慈悲、カルナー）、フィリア（信頼する。友愛。仏教用語のマイトリー。儒教用語の仁）という三要素が流れ込んでいることを明らかにした（工藤和男（二〇〇六）『くらしとつながりの倫理学』一九九―二〇五頁）。

・またレヴィナスは、「正義なしでは慈愛は不可能であり、慈愛なしでは正義は堕落してしまう」と記述している（エマニュエル・レヴィナス（一九九三）『われわれのあいだで』一七四頁）。

（8）加藤は、「倫理学の目的は、『してよいこと』と『して悪いこと』の違いを明らかにすること、倫理学の課題は『許容できるエゴイズムの限界を決めること』」と論考している（加藤尚武（一九九七）『現代倫理学入門』五七頁）。

第6節　あらたなスポーツ概念の再提示

前節までの考察を経て、第1章において提示した仮説、あらたなスポーツ概念を再提示する。その目的はこの仮説を、次章からのプロサッカークラブの株主達の「欲働」を考察することによって検証するためである。先に示した、あらたなスポーツ概念は次のものであった。

スポーツは、「他者」との全身体的競争によって勝利を求め、勝利による恍惚感を「他者」と連帯的に共有しながら、「望ましき私」を全身体的、熱狂的に確立しようとするゲームである。

スポーツは規則に基づく「他者」との競争、すなわちゲームにおいて（原初的ゲームであれ、メタ・ゲームであれ、どのような関わり方であれ）、常に「競争相手の他者に負けてたまるか！」と、なりふりかまわず全身体を最大限の興奮状態まで高め、ただひたすら「他者」に対する勝利と勝利による恍惚感を求め、その恍惚感をゲームに関わっている、関わりたかった、これから関わろうとするすべての「他者」と共有し、「他者」と連帯する中で「他者」から敬意を抱かれ、最大限の恍惚感をもたらす「望ましき私」を、それぞれの「私」が全身体的、熱狂的に確立しようとするゲームである。スポーツは「他者」（と他者ではない私）の存在なくしては存在しない営為である。

このあらたなスポーツ概念に基づいた、「スポーツといかにより善く関わるのか」という問いに対する仮説は以下の通りである。

スポーツに「より善く」関わるとは、スポーツに関わる多数の「他者」と「他者の欲動」を決して排除することなく、多数の「他者」と「より善く」関わることである。多数の「他者」と「より善く」関わるとは、多数の「他者」と私が対話を通じて、それぞれの尊厳、名誉を無償の愛、友愛、寛容の心を持って強く肯定することである。スポーツの「望ましき在り方」、「より善き在り方」を「他者」とともに模索し、その解を共有するべく努力し続けることが、スポーツと「より善く」関わるということである。

では、プロサッカークラブの株主達の出資目的の考察によって、この仮説を検証する。

第4章　プロサッカークラブの株主達の出資目的

第1節　プロスポーツビジネスの定義

この章では、前章で再提示した仮説をプロサッカービジネスの世界と、プロサッカークラブの株主達の出資目的を考察することによって検証する。そこでまず、プロサッカービジネスもその一部であるプロスポーツビジネスを定義することから始める。

本書では、主に株式会社である複数のプロサッカークラブやプロ野球球団等が、選手、コーチ、監督等とプロフェッショナル契約（期限付きの成果連動型報酬契約）を締結した上でチームを構成し、経常利益を確保し続けることを目的にプロ競技リーグを構成し、定期的にリーグ公式ゲームと大会等の興行を開催する、その興行開催から多様に派生するすべてのビジネスを「プロスポーツビジネス」と考える（テニス、ゴルフ等個人参加型競技の場合は、その競技者個人が所属する競技団体が定期的に個人参加型のトーナメントや大会を開催する）。

興行の開催から派生するビジネスとしては、例えば興行空間の構成（スタジアム、球場、アリーナ等の《映像、音響等も含む》総合都市開発・建設業務）、興行の実施（競技ユニフォーム等のアパレル、競技器具、飲料、交通《リーグ戦を実施するための移動》、宿泊場所、各種ＩＴ機器の調達、警備等）、興行利益の確保（テレビ等へのゲーム放映権の販売業務、スポンサーへの公式ユニフォームやスタジアム内の広告看板等のセールス業務、観戦チケット販売、レプリカユニフォーム等のライセンス商品販売、スタジアム内の飲食）、興行の伝達（ＷＥＢ等を含んだメディア）、選手のあらゆる業種への広告出演や契約業務（エージェント、弁護士等）、プロ用飲料・サプリメント、医療（リハビリテーション、医療用品・器具等）等の多様なビジネスがあり、それらプロスポーツをテーマにしたすべてのビジネスを「プロスポーツビジネス」とする。

「プロスポーツビジネス」はその市場規模が巨大で、[1]かつその市場において新規に開発される多種多様な商品・サービス、その生産・販売技術の革新性、オンライン上の賭け金（ベッティング金額）の合計額、トレーニング理論等の政治、社会、文化、研究・教育におよぼす影響力、そしてさまざまなメディアを絡めた勝敗を巡る熱狂的な連帯感の拡がる範囲、速度、深度がアマチュア・スポーツ（学校、企業、地域、アダプテッドスポーツ等をすべて含める）を圧倒的に凌駕しているため、アマチュア・スポーツがプロスポーツビジネスとの格差を埋めることはほぼ不可能である。よって本書においては、「プロスポーツビジネス」は現在のスポーツ界を象徴するもののひとつだと考える。

本節においては、現在のスポーツ界の象徴のひとつであるプロスポーツビジネス、そのプロスポーツの中で競技者数、観戦者数、市場規模等で他プロスポーツを圧倒するプロサッカービジネスを根源的に成立させる、株式会社としてのプロサッカークラブの株主達の株式購入目的を考察する。

株主達の株式購入目的を考察するために、その前提となる現在のプロサッカービジネスの基本的枠組みを整理する。

プロサッカービジネスの特徴（醍醐味）は、他のビジネスと同様に経常利益の確保を最大目的としながらも（その利益がまずは確保されなければ、社会や地域貢献等は不可能である）、その経常利益確保が定期的に（リーグ戦等の公式日程の中で）、公共の場で（何万人もの観戦者で埋まるスタジアムで）行われる勝敗の積み重ね（最終順位こそがすべてである）とブランド戦略の成否によって決定されることにある（国外での親善ゲーム、多種多様な年齢、性別、地域別のサッカースクール、社会・地域公共活動等を含む）。

また他のビジネス以上に先行投資が無駄になる蓋然性が極めて高いビジネスでもある。例えば、世界最高と評価される監督や選手と契約し、クラブの全売上金額の六〇％程度を彼らに（人件費として）先行的に投資し、対戦チームの完璧な調査分析（スカウティング）を行い、緻密なゲーム戦略・戦術を構築し、それをチーム一丸となってピッチ上で現実化する。そうして全選手がケガや出場停止等もなく全ゲームを全力でプレイしたとしても、リーグ優勝するとは限らないのがプロサッカービジネスである。他のビジネスのように、ある市場において他社に敗北したので撤退し、別の市場で勝者になる、そのようなことができない、常に同じ狭く小さな市場の中でしか戦うことができない、逃げ場のない非常に息苦しく競争が激しく、かつリスクが高いビジネスでもある。

その逃げ場のない狭く小さな市場ではすべてのクラブが勝利を目指し、対戦チームのスカウティング、ゲームプランの構築、ピッチ上における現実化、ゲーム終了後には次のゲームプランの構築、あらたな現実化という非常に短期間でスピーディーなＰＤＣＡサイクルが繰り返される激しいビジネスでもある。よってこのビジネスはメンタル的にもフィジカル的にも、常にタフネスさが要求される。「勝利には祝福を。敗北には罵倒を」という勝負の世界ならではの全ステークホルダーが表出する「感情」の起伏が非常に厳しく、その「激しい感情」（勝利こそがすべて！これは戦争である！）を最大限に表出することこそが称賛され、たびたび論理、理論、統計を超越したことが起こり、冷静さをコントロールすることが時に非常に困難となるビジネスでもある。

このようなプロサッカービジネスを、ＦＣバルセロナの副会長を経て現在、「シティ・フットボール・グループ」ＣＥＯのフェラン・ソリアーノ（詳細説明は第3節にて）は、サッカーが他のビジネスと異なる五点として、以下のように説明した(2)。

①ピッチに立ったら勝たなければならない。毎回勝利が義務づけられているが、いつも勝つことはできない。
②判決が毎週下される。
③判決は公の場で下される。
④サッカー選手は若くして大金を稼ぐ。彼らはクラブの大切な資産であり、売買が可能で変動する市場価格を有しているため、適切に管理される必要がある。

⑤成功の尺度は、試合の結果。そこに財務面、政治的要素が加わる。

では現在のプロサッカービジネスにおける主要な売上項目[3]には、どのようなものがあるだろうか。主要な売上項目は五つである。

①テレビ・インターネット等へのリーグ戦公式ゲーム放映権販売収入。
②広告販売収入（公式ユニフォーム、トレーニングウェア、ホームゲーム時のフィールド上に設置する各種広告看板等）。
③観戦チケット販売収入（シーズンチケット、スタジアム内飲食費も含む）。
④ライセンス商品販売収入（レプリカユニフォーム等）。
⑤その他（賞金、選手広告出演費、選手肖像権、選手移籍金[4]、選手育成組織会費等）。

ではこのようなビジネス構造を有するプロサッカークラブは、誰のために存在するのか。その存在理由と存在目的はなにか。そのことを次節以降で詳細に考察する。

註

（1）以下、情報量が非常に多くなるが、現在のプロスポーツの市場規模をご理解いただくために、さまざまなデータをランダムに列挙する。

『Deloitte Football Money League 2017』による世界のプロサッカークラブの売上順位は（『Deloitte 2017』が発表された二〇一七年一月時点の平均為替一ユーロ＝一二二円で計算。四捨五入。以下同様）

第一位　Manchester United（マンチェスター・ユナイテッド　ＵＫ）　八四〇億円
第二位　FC Barcelona（バルセロナ　スペイン）　七五六億円
第三位　Real Madrid（レアル・マドリード　スペイン）　七五六億円
第四位　Bayern Munich（バイエルン・ミュンヘン　ドイツ）　七二二億円
第五位　Manchester City（マンチェスター・シティ　ＵＫ）　六四〇億円

・「スペイン一部リーグ、バルセロナは一一日、今季の事業収入が一〇億ドル（約一一二〇億円）を超え、クラブとして最大となるとの見通しを示した。二〇一六～一七シーズンの収入は前季比四％増の八億三九〇〇万ドル」（『朝日新聞　朝刊』2017.10.13）。

・二〇一五年プロサッカーチームの公式ユニフォーム胸部分の広告掲載金額

マンチェスター・ユナイテッド　ゼネラルモーターズ　九八億円
チェルシー　横浜ゴム　七四億円
アーセナル　エミレーツ航空　五六億円

（ＫＰＭＧジャパンホームページ　https://home.kpmg.com/jp/ja/home.html 二〇一五年の平均為替一ポンド＝一八五円計算）。

・日本における各スポーツ競技団体の経常収益（企業の売上額に相当と勘案する）。

公益財団法人日本陸上競技連盟　二一億円（平成二八年度）当連盟ＨＰより。
公益財団法人日本テニス協会　二一億円（平成二九年度）当協会ＨＰより。
公益財団法人日本水泳連盟　一八億円（平成二九年度）当連盟ＨＰより。
公益財団法人全日本柔道連盟　一四億円（平成二九年度）当連盟ＨＰより。
財団法人日本体操協会　一二億円（平成二八年度）当協会ＨＰより。
一般財団法人全日本剣道連盟　八億円（平成二七年度）当連盟ＨＰより。

・「元ＮＢＡ選手 マジック・ジョンソン氏らのグループが、プロ野球「ＭＬＢ」所属のロサンゼルス・ドジャースの株式を、当時としてはプロスポーツ組織への出資最高額二〇億ドル（二〇一二年当時の平均為替一ドル＝約八〇円計算。二〇億ドル＝約一六〇〇億円）で購入した」（『ＡＰ通信』2012.3.28）。

・「マイクロソフトの前ＣＥＯ スティーブ・バルマーが、二〇億ドル（当時の平均為替一ドル＝約一〇六円計算 二〇億ドル＝約二一〇〇億円）で、プロバスケットボールリーグ「ＮＢＡ」所属のロサンゼルス・クリッパーズの株式を購入した」（『ウォールストリートジャーナル』2014.6.3）。

・「サッカーのスペイン一部バルセロナとネット通販大手の楽天は来季からスポンサー契約を結ぶことで合意したと発表した。契約期間は四年で、一年間の延長オプションがついている。契約金は年五五〇〇万ユーロ（約六四億円）で、四年総額二億二〇〇〇万ユーロ（約二五七億円）の大型契約となった」（『朝日新聞 デジタル』2016.11.16）。

・「楽天が、米プロバスケットボールＮＢＡの昨季王者ウォリアーズとユニフォームの胸部分にロゴを入れる契約を結んだと一二日、スポーツ専門局ＥＳＰＮ（電子版）が報じた。三年総額六〇〇〇万ドル（約六五億円）でユニフォームのロゴ契約としては、ＮＢＡ史上最高額」（『朝日新聞 朝刊』2017.9.13）。
・「今季のプロ野球の観客動員数は、史上初めて二五〇〇万人を突破。セ・リーグは史上最多一四〇〇万人超。パは二年連続で一一〇〇万人超。阪神が六年ぶりに総観客数トップ、一二球団で唯一、三〇〇万人超。パではソフトバンク二五〇万人を超えてトップ。広島は四年連続で球団記録を更新、一試合平均動員数三万人超」（『朝日新聞 朝刊』2017.10.12）。

（2）フェラン・ソリアーノ（二〇〇九）『ゴールは偶然の産物ではない　ＦＣバルセロナ流　世界最強マネジメント』　グリーン裕実訳、アチーブメント出版　五二―五三頁。

（3）同右、四〇―四九頁では、「三つの収入源：1スタジアム（観戦チケット、飲食販売）、2テレビ放映権、3マーケティング（広告収入、ライセンス商品販売等）、三つの経費：1人件費（弁護士、コンサルタント費も含む）、2償却費（選手の移籍金）、3運営費」と記されている。

（4）選手の移籍金は、選手の前所属クラブとあらたな移籍先クラブのクラブ間においてのみ発生するものであり、基本的に選手は無関係である。よって例えば選手の移籍金が三〇〇億円であっても、その金額の一部が選手や選手の代理人（エージェント）に支払われることはまずない。この移籍金の支払いには、非常に厳しい条件がつけられ（隠ぺいされた選手の病歴、ケガ等によるリスクヘッジの意味もあり）、一括で全額が支払われることはない。またこの移籍金の法的根拠は、選手と前所属クラブの契約期間中に発生する契約違約金の支払いである。例えばある選手がクラブと五年間契約を締結しているにもかかわらず、契約期間をあと三年間残して、その選手が他クラブに移籍したり、もしくはクラブがその選手を他クラブに移籍させた（売却）場合に、残余契約期間の契約違約金をあらたな移籍先クラブが前所属クラブに支払うという法的解釈となっている。
・「二〇一七年一二月二〇日時点までの選手の移籍金の最高金額は、二〇一七年八月に、スペイン　FCバルセロナからフランス　パリ・サンジェルマンに移籍した、ブラジル人　ネイマール選手の二億二二〇〇万ユーロ（約二八九億円　一ユーロ＝一三〇円計算）である」（『朝日新聞　朝刊』2017.8.5）https://www.asahi.com/articles/DA3S13072715.html

第2節　UK、USAのプロサッカークラブの株主達を考察の対象とする事由

第1項　プロサッカークラブへの出資目的

本書においては、株式会社としてのプロサッカークラブへの出資は、出資者、すなわち株式購入者が筆頭株主（持株比率が五一％を超過し、取締役会および株主総会において諸議案の単独議決権を保有する『大株主』）となるケースを主に考察する。株式購入金額の大小は別問題として、いかなる目的によって投資家はプロサッカークラブの株式を購入するのかを、UK、USA、日本のプロサッカークラブの株主達を対象に考える。なぜこの三か国に絞るのか。それはこの三か国においては、他国では発見することが困難な特異な点が多々確認されるからである。

当然のことながら、投資家による株式購入目的をただひとつの目的に絞ることはできない。例え同じUKにおいても、その出資目的は出資者と出資対象のクラブの事情によって大きく異なる。

一般的な見解は、株主は例えば選手や監督等「他者」に対する支配欲と、サポーター達（ファン）から感謝、称賛されたいという名誉欲によって株主になるという見解であろう。だが冷静に考えれば、そのような単純な事由だけで、またいくらサッカーを愛しているからといっても、投資家にとっては非常に大切な、おそらく苦労して蓄積したであろう自己資金を簡単にプロサッカークラブの株式購入に充てはしない。投資は見返りを求めない、無償の愛に基づく美しく、崇高な寄付行為等ではない。投資は元本金に上乗せされた利益金の還元を前提とした（還元を期待した）営為である。また投資資金がそれぞれ異なるように、還元される（還元が期待される）投資利益金の大小等の価値判断も投資家によって大いに異なる。

例えば、還元を期待した投資（出資）利益金が結果的に0円になったとしても、投資した期間中に（株主であった期間中に）、チームの連勝を選手、コーチ、監督、経営者、社員、多くのサポーター等とともに喜べた、また経営者、他の株主、サポーター達から出資への感謝の念をたび たび示され、金額に還元できないほどの特別な体験ができたので十分満足した、投資した意味と価値は十分あったと納得する株主がいるかもしれない。あるいは出資した一年後に、出資資金の十％以上の出資利益金が還元されなければ、即その株式を手離す株主がいるかもしれない。いずれにしても、還元を期待する出資利益金の価値は、それぞれの株主が求める「望ましさ」によって異なる。よって株主になる目的も異なり、ただひとつの目的等に単純化することは不可能である。

本書では、UK、USA、日本という異なる三か国のプロサッカークラブの筆頭株主達の出資目的と事業戦略を知悉し、自身も企業経営者として、国際的なフットボールビジネス界で活躍する二人の日本人へのインタビュー、および先行文献研究の批判的考察という二つの研究方法を通じて、異なる三か国の、異なるクラブの株主達のそれぞれの「欲働」を検証する。その検証から、彼ら筆頭株主に共通する「欲働」とはなにかを探り当てる。

第2項　UK、USAのプロサッカークラブの株主達の「欲働」を考察の対象とする事由

UKは、サッカー（Soccer）、世界初のサッカークラブ「シェフィールドFC」（Sheffield Football Club。一八五七年）、世界初のサッカー協会（The FA。The Football Association。一八六三年）、世界初のプロサッカーリーグ「フットボールリーグ」（The Football League。一八八八年）を生んだサッカーの「母国」である。

その延長線上に現在、世界最大の市場規模を誇る「プレミアリーグ」（The Premier League）がある。「プレミアリーグ」は一九九二年、その前身である「フットボールリーグ」から分離独立し開始された。「プレミアリーグ」は、さまざまな国籍の投資家達が株式を購入し、自身があるいは自身が代表者である企業、財団等の組織が株主となっている二〇のプロサッカークラブによって成立している。「プレミアリーグ」全体のテレビ放映権、スポンサー、入場券、ライセンス商品の販売売上高は、いずれも世界のプロサッカーリーグにおいて最高の売上高を記録してお

り、毎年その記録を更新中である。[1]最古の歴史と現在最大の市場規模を持つ「プレミアリーグ」に所属するクラブの株主になることは、同時に世界最長、最大というブランド価値＝プレミアム性を所有することであり、世界のプロサッカークラブの株主の「欲働」を象徴するものであると考え、考察の対象とする。

次に、ＵＳＡにおける、プロサッカーリーグ「メジャーリーグサッカー」（MLS。Major League Soccer）に所属するプロサッカークラブへの出資目的を考察する事由は、他国では採用されていない特異な二つのシステムを同時に採用していることによる。ひとつは、人件費管理システムであり、選手等の人件費をクラブではなく、リーグが支払うこと、[2]もうひとつは、上部・下部リーグ間での昇格・降格システムがないことである。この特異な二つのシステムによって生み出される価値を獲得しようとする株式購入目的を考察する。

次節より、ＵＫ「プレミアリーグ」の発展の歴史、その「プレミアリーグ」に所属するクラブの筆頭株主になる目的、ＵＳＡのプロスポーツの発展の歴史、ＵＳＡにおける「メジャーリーグサッカー」を中心としたプロスポーツ組織の株主になる目的を順に考察する。

註

（1）『Deloitte Football Money League 2017』によると、世界のプロサッカークラブの売上高上位二〇位までに、第１位の Manchester United FC（八二七億円）を筆頭に、「プレミアリーグ」所属の八クラブが入り、総売上金額は約三八七七億円に達している。それに対して、スペインは三クラブ、総売上金額一七九二億円。ドイツも三クラブ、総売上金額一三四二億円。イタリアは四クラブ、総売上金額一一六三億円である（一ユーロ＝一二二円計算）。

・「二〇一六／一七〜二〇一八／一九　三シーズン《三年間》の国内向けテレビ放映権を、五一・三六億ポンド（三年間総額約九五〇〇億円。年間約三一七〇億円。二〇一五年の平均為替一ポンド＝一八五円計算）で、『Sky Sports』（一二六ゲーム放映）と『BT Sport』（四二ゲーム放映）の二つのテレビ局に販売した」。「プレミアリーグ」2015.2.10 https://www.premierleague.com/news/60495

・「一九九二―一九九七年間の五年間で一・九一億ポンド（年間約八六億円。一九九二年の平均為替一ポンド＝二二四円計算）であったテレビ放映権費が三シーズンごとに上昇し、この二五年間で約五三倍（八六億円から四五三〇億円）に上昇した」（『BBC』2015.2.11）http://www.bbc.com/sport/football/31384481 この国内向けテレビ放映権費にプラスする形で、国外からの放映権費三年間約三〇億ポンド（三年間総額約五六〇〇億円。年間約一八七〇億円）（『BBC』2017.10.24）http://www.bbc.com/sport/football/41734454 が入金され、「プレミアリーグ」の三年間の総テレビ放映権販売費は、八一・三六億ポンド（三年間総額約一・五一兆円。年間約四五三〇億円）となる。

・ドイツのプロサッカーリーグ「ブンデスリーガ」のテレビ放映権販売費は、年間平均一四億ユーロ（約一六九〇億円）である。（『AFP BB NEWS』2016.6.10）

・「Jリーグが英動画配信会社と一〇年間の総額二一〇〇億円強の放映権契約を結ぶと発表した。近年インターネットの動画配信サービスを通じて、スマートフォンでのスポーツ観戦を楽しむ視聴者が増えている。ネットによるファン層の開拓や放映権収入の拡大がスポーツビジネスの中心になっている」（『日本経済新聞　電子版』2016.7.21）。
（2）「サラリーキャップ（Salary Cap）制度」を導入しており、二〇一六年時点の上限金額は約三八四・五万ドル（約四一九億円。二〇一六年の平均為替一ドル＝一〇九円計算）、最大三〇人までの登録が可能。ただし、二〇〇七シーズンから、リーグ全体のさらなる発展と国際市場でのブランド力強化を目的に、スター選手の確保を容易にする特別指定選手制度（Designated Player Rule）が導入された。この制度は、最大三〇人までの年俸総額枠とは別枠として（ただし、特別指定選手の十二・五％の年俸額は総額に算入される）、無制限の年俸選手との契約を可能とした（各クラブ最高三人までの選手と契約が可能。基本的には各クラブ二人。ただし、制度を利用しない他クラブから一名分のみの権利を購入することが可能）」（『Football Zone Web』2017.3.4　http://www.football-zone.net/archives/54359）。

第3節　シティ・フットボール・ジャパン㈱　利重代表へのインタビュー

第1項　UK「プレミアリーグ」の発展史

では、UK「プレミアリーグ」の歴史を考察する。UKでは、一八八八年から世界初のプロサッカーリーグ「フットボールリーグ」が開始された。開始から約一〇〇年後の一九九二年に大きく改編され、現在の「プレミアリーグ」が誕生した（一九九二年段階では「フットボールリーグ」は一～四部までに九二チームが所属していた。一九九二年時点の名称は「FAプレミアリーグ」。現在の「プレミアリーグ」には二〇チームが所属し、下位三チームが自動降格し下位リーグの「Football League Championship」から三チームが自動昇格する）。

なぜ「フットボールリーグ」は「FAプレミアリーグ」へと改変されたのか。改変された主な事由は、「フットボールリーグ」のリーグ経営に不満を持った一部リーグに所属する全二〇クラブがFAと協議の上でリーグを離脱し、二〇クラブだけのプレミアムな（特別な）リーグ、「FAプレミアリーグ」を設立したからである。リーグの離脱事由は、テレビ放映権費を一〜四部までの全九二クラブに均等に配分する等の過度な平等主義的なリーグ経営にあった[1]。その過度な平等主義的なリーグ経営を生んだ背景でもある、第二次世界大戦後のUKの歴史を振り返りたい。この歴史を概観することにより、「フットボールリーグ」から「プレミアリーグ」へ変遷したUKのプロサッカーリーグの考察が可能となる。

歴史学者の村岡健次らは、次のように第二次世界大戦以後のUKの歴史を述べる。「一九六〇年代以降、インフレの亢進、国際収支の悪化に苦しみ、労働組合による大規模スト等の影響から七六年にはIMFから融資を受け、八〇年からのサッチャー政権時に付加価値税値上げ、公共支出の削減、国有企業の民営化をしたものの、失業率は八三年に一二・六％に達し、絶望感をもった若者が『フーリガン』となり、ロンドン等各都市で暴動が起こった[2]」。

その後一九九二年に、GDP（国内総生産）がプラスに転じ、一九九八年に「北海油田」（一九六〇年代から発掘開始）の増産によりヨーロッパ最大の石油輸出国となり、財政赤字がようやく黒字に転化した。

このように国家全体での経済不況が続く中で、労働者達に支持されていた「フットボールリーグ」は、経済不況の影響を受けた労働者達の苦境と苦悩を象徴していた。失業した労働者達は、老朽化したスタジアム内の最低価格席である木造の「立見席」(Terrace)チケットしか購入できず(彼らは一般チケットよりも低価格のシーズンチケットを購入するため、クラブにとってはチケット販売収入が減り、かつ彼らが暴動を起こすために多大なセキュリティ、修繕費が必要となり、ますますクラブ経営を悪化させた)、その「立見席」でインフレーションやレイオフの危機に晒される日常を忘却するためにビールを飲み、上半身裸となり大声でチームの応援歌を歌い、スローガンをＣｈａｎｔ(繰り返し歌い)し、日々の抑圧され、鬱屈した感情を爆発させた。

最終的には、相手チームとホームチームに不利な裁定を繰り返すレフェリー達に激しいブーイング、暴言、罵声を浴びせ、それでも飽き足らずアウェイチームのサポーターに激しい暴行を加えるという行為がＵＫ各地で繰り返された。それがスタジアムで起こる悲しい日常的光景であった。こうしてスタジアムは労働者達の不満を爆発させるためだけに存在する、ただ殺伐とした非常に危険な空間となり、一般の入場者は激減し(チケット販売収入も激減した)、同時にスポンサーも激減した(3)。当然のことながら選手、コーチ、監督、クラブ経営者、社員等の報酬も激減し、株主達の株式購入費(通常資本金として会計処理される)もほとんど消滅し、株主に利益分配金が還元されること等は叶わぬ夢となっていた。

スタジアム内外で暴行を繰り返す集団の一部が「フーリガン」(Hooligan)となり、国内のアウェイスタジアムで、さらに国外でのアウェイスタジアムで次々と許されざる死傷事件を起こし、[4]遂に一九八五年には「フットボールリーグ」に所属する全二〇クラブがUEFA(Union of European Football Associations。ヨーロッパサッカー連盟)主催の大会への参加を無制限に禁止された(その後五年間に短縮された。ただし死傷事件当事者クラブ『リヴァプール』のみは七年間の出場禁止)。このことが一〇〇年以上の歴史を持つ「フットボールリーグ」を存亡の危機に立たせた。

この事態を打開するために、各クラブ、リーグ、FA、政府(軍、警察、消防を含む)が一体となり、徹底したフーリガン対策が実施された。[5]老朽化したスタジアムの木造「立見席」の撤去(全席座席に。このことにより監視が容易となり、またチケット代が高額に設定でき、チケット販売収入増に繋がった)、スタジアム内およびその周辺に多数の監視カメラを設置し、スタジアム入口での身分証等の確認による厳しいセキュリティチェックを実施した。また多数の警察官等の導入(ハードセキュリティ)、高年齢層のスタジアム・ボランティア制度を導入し(ソフト・セキュリティ)、常習犯は逮捕・拘留した上で永久にスタジアムから追放し、その後も厳しい監視を継続した結果、「フーリガン」は徐々に減少した。この「フーリガン」撲滅対策は一定度の成果を見せ、一九九〇年、待ちに待ったUEFAチャンピオンズカップ等への出場がUEFAによって五年ぶりに許可された。次の課題は疲弊した各クラブ、リーグの経営再建となった。

前述した通り一九九二年に設立された「FAプレミアリーグ」（現プレミアリーグ）は、所属する全二〇クラブが株主として所有する株式会社として設立された。(6)「プレミアリーグ」は、まずは激減したスタジアム観戦者を取り戻すために、「スタジアムを安全、安心な空間」に変えることに専念した。そのために各クラブの株式会社化をより一層進め、経営体制を強化し、企業としての経営戦略（株式の上場等）を構築し（これまでは企業としての経営戦略がない、単なるサッカークラブだった）、各クラブが責任をもってセキュリティの実施とスタジアムの改築を行い、観戦チケット料金の見直し等を行った。次にリーグが見直しを始めたのが、リーグ誕生の主たる事由となったテレビ放映権の販売に関する事項であった。テレビ放映権の収入に関する推移状況を一九八六年から詳細に検証し、一九九二年の改変時に何が起こったのかを明らかにしたい。

「フットボールリーグ」のテレビ放映権は一九八六～八七年の二年間（二シーズン）は公共放送『BBC』（British Broadcasting Corporation）と民間放送局『ITV』（Independent Television）の二つのテレビ局に販売され、その販売費は年間七・八億円（二年間契約で総額六三〇万ポンド。一九八六年の年間平均為替一ポンド＝二四七円計算、総額約一五・六億円）であった。一九八八～九一年は『ITV』一局のみに販売され、その販売費は年間二五億円（四年間契約で総額四四〇〇万ポンド。一九八八年の年間平均為替一ポンド＝二二八円計算、総額約一〇〇億円）であり、この大部分を所属する九二クラブに均等に配分していた（全販売費を均等配分した場合は、一クラブ年間約二七〇〇万円）。

こうして推移してきたテレビ放映販売費を値上げするために（リーグとクラブの経営安定化のために）一九九二年に、「プレミアリーグ」はテレビ放映費購入のための入札を実施した。入札の結果、『BSkyB』が年間約八六億円（五年間契約で総額一億九一〇〇万ポンド。一九九二年の平均為替一ポンド＝二二四円計算、総額約四二八億円。前年までの『ITV』への販売費の約三・四倍）でテレビ放映権を購入した。[7] この『BSkyB』（現在の『Sky Sports』）は、一九七〇年代から、かつての「大英帝国」内のオーストラリアを初めとし、UK、USAで数々の新聞社、出版社、映画会社等を買収していたメディア・コングロマリット会社「ニューズ・コーポレーション」（News Corporation Ltd.）のCEO（当時の肩書）ルパート・マードック（Rupert Murdoch）が率いるテレビ局であった。

こうして「プレミアリーグ」のリーグ戦は、『BSkyB』による独占放映となった（現在は『Sky Sports』と『BT Sport』との共同放送。『BBC』はハイライト放送）。この『BSkyB』との契約は、「プレミアリーグ」に大きな変化をもたらした。まず、リーグを構成する全二〇クラブの大幅な売上と経常利益を大幅に増加させた（全テレビ放映権販売費を全クラブに均等配分した場合、一九九一年は一クラブ年間約二七〇〇万円《二五億円÷九二クラブ》。それに対して一九九二年は一クラブ年間約四・三億円《八六億円÷二〇クラブ》。対前年比約一六倍）。次に、『BSkyB』を視聴可能なEU内外で、多数のファンとスポンサーを獲得し、リーグと各クラブのブランド価値を向上させた。[8] 各クラブはリーグから分配されたテレビ放映権費[9]をフランス、イタリア、ブラジル人等の高額移籍金と高額年俸を要する選手（国際的なスーパースター）の獲得に費やし、スペクタクルなゲームを展開し、失われた一〇年間を早急に取り戻そうとアクセルを踏み込んだ。

また「マンチェスター・ユナイテッドＦＣ」（現在はニューヨーク証券取引所に上場中）、「アーセナルＦＣ」（現在もロンドン証券取引所に上場中）等多数のクラブが、ロンドン証券取引所において新規の株式を公開し、スタジアム改築とスーパースターの獲得等の資金調達を行った。[10]

一九九五年には、いわゆる「ボスマン判決」（Bosman Ruling。ベルギー人のジャン＝マルク・ボスマンが自身のサッカークラブ間移籍に関して提訴した裁判の判決。最終的に彼の全面勝訴で終わり、この判決に彼の名前がつけられた）がヨーロッパ司法裁判所で出され、ＥＵ加盟国の国籍を持つ選手は、前クラブとの契約満了後には移籍金なしで自由にＥＵ加盟国へのクラブに移籍できる。またＥＵ加盟国のクラブにおいては、自国以外の選手でもＥＵ加盟国の国籍を持つ選手は外国人限度枠を適用する必要がなくなった。この判決をいち早く積極的に取り入れたのが「プレミアリーグ」であった。[11]

こうして一九九二年から開始された「プレミアリーグ」は、株式会社としての各クラブの経営強化、『BSkyB』からのテレビ放映権による大幅な収入の増加、株式上場による資金調達、ＵＫ以外の国におけるファンとスポンサーの増加等により世界最大の市場規模を誇るプロサッカーリーグへと急成長した。

この「プレミアリーグ」に所属する各クラブの株式を、一九九〇年代後半からＵＫの資産家達（ミュージシャン等を含めて）が、次に世界の資産家達が積極的に購入し始めた。

その先駆けが（一〇億円未満での株式購入例はいくつかあったが、今回は考察外とする）、二〇〇四年、ロシア人　ロマン・アブラモビッチ（Roman Arkadievich Abramovich。主に石油業により資産を形成。元知事）が、「チェルシーＦＣ（Chelsea FC）」の株式を六〇〇〇万ポンドで購入し筆頭株主となった事例である（当時の平均為替一ポンド＝約二〇〇円。六〇〇〇万ポンド＝約一二〇億円。彼はこの株式購入以外に、クラブの負債約八〇〇〇万ポンド＝約一六〇億円、選手の移籍金等に約一億ポンド＝約二〇〇億円、総合計約一・四億ポンド＝約四八〇億円を投じたと言われている(12)）。

アブラモビッチによる「チェルシー」の株式購入は、その購入金額の巨額さ、非ＵＫ国籍者のロシア人による購入という事実によって激しい驚愕、懐疑、嫉妬等を伴いながら、世界中のプロサッカー愛好者、とりわけ、プロスポーツビジネスへの投資を考えていた世界中の資産家達に非常に大きな影響と刺激を与えた。そしてその後の非ＵＫ国籍者による「プレミアリーグ」の株式購入ブームを巻き起こし、世界のプロサッカービジネスを大きく変えたエポック・メイキングな「事件」となった。

翌二〇〇五年には、二〇〇三年より株式の購入を開始したアメリカ人のマルコム・グレイザー（Malcolm Irving Glazer。ＮＦＬタンパベイ・バッカニアーズのオーナー）が、同じく「プレミアリーグ」に所属するクラブ「マンチェスター・ユナイテッドFC（Manchester United FC）」の株式を総額七・九億ポンド（約一五八〇億円。二〇〇五年の平均為替一ポンド＝二〇〇円計算）で購入し、[13]その後、ロンドン証券取引所に上場されていたクラブを完全MBOした後、二〇一二年にニューヨーク証券取引所に再上場させた。

その二年後二〇〇七年には、タイ王国の元首相、タクシン・チナワット（Thaksin Shinawatra）が、「マンチェスター・シティFC（Manchester City FC）」の株式を八一六〇万ポンド（約一九二億円。二〇〇七年の平均為替一ポンド＝二三五円計算）で購入したが、翌二〇〇八年には、アラブ首長国連邦の投資会社「アブダビ・ユナイテッド・グループ・フォー・デベロップメント・アンド・インベストメント」（ADUG。Abu Dhabi United Group for Development and Investment）に二・五億ポンド（約五〇〇億円）で売却した。[14]

二〇一〇年には、タイ人のヴィチャイ・スリヴァダナプラバ（Vichai Srivaddhanaprabha）を代表とするキングパワー・インターナショナル・グループ（King Power International Group）が、「レスター・シティFC（Leicester City FC）」の筆頭株主となった。[15]

二〇一一年には、アメリカ人のスタン・クロエンケ（Stan Kroenke。NFLロサンゼルス・ラムズ、MLSコロラド・ラピッズの筆頭株主でもある。また彼が筆頭株主であるスポーツマーケティング企業『クロエンケ・スポーツ・エンタープライゼス』はNBAデンバー・ナゲッツ、NFLコロラド・アバランチの筆頭株主でもある）が、「アーセナルFC（Arsenal FC）」の六三%の株式を所有する筆頭株主となった。[16]

これら世界中の資産家達による相次ぐクラブの株式購入（一〇〇億円以上の株式購入）により、全世界的にますます「プレミアリーグ」全体のブランド価値、クラブの筆頭株主になることの価値が向上し、UK国籍ではない非UK国籍者が筆頭株主となるクラブも年々増加した。

こうしたクラブの中で、筆者がここ数年間で最も注目してきたクラブが、「マンチェスター・シティFC」等を傘下に持つ所有会社「シティ・フットボール・グループ」（City Football Group Limited）である。その事由を次項において明らかにする。

註

（1）脇田泰子（二〇一二）「スポーツ放送の発展とユニバーサル・アクセス権」『メディアと社会第4号』一八―二二頁。

・『theguardian』2012.2.12

・久保谷友哉（二〇一四）「イングリッシュ・プレミアリーグにおける スポンサー業種の変遷」早稲田大学大学院スポーツ科学研究科スポーツ科学専攻スポーツビジネス研究領域 修士論文、二一六頁。

http://www.waseda.jp/tokorozawa/kg/sports-graduate/Master_thesis_list_2014M2_gs.html

（2）村岡健次・木畑洋一編（一九九一）『世界歴史大系　イギリス史 3―近現代』四〇六―四二六頁。

（3）「一九八五／八六 シーズンには、ピーク時の四一三〇万人から一六〇〇万人にまで、およそ六割も落ち込んだ。とりわけ一九八〇年代初頭における観客数の落ち込みは急激で、一九八〇年には二五〇〇万人程度だったのが、およそ五年で約一〇〇〇万人もの減少を招いた」（吉田竜司（二〇〇七）「全座席化と消費空間化：イギリスのサッカー観戦環境をめぐる国家と市場の結合」『龍谷大学国際社会文化研究所紀要　第9号』二五一―二六三頁）。

（4）「一九八五年『ブラッドフォードの火災事故』。『フットボールリーグ』三部に所属するブラッドフォードのホームスタジムの木造スタンドで火災が発生し、五七人の観客が死亡。一九八五年『ヘイゼルの悲劇』。ベルギー　ブリュッセル『ヘイゼル・スタジアム』でのUEFAチャンピオンズカップ決勝リヴァプールVSユヴェントスにおいて、リヴァプールサポーターによる暴動で三八人の観客が死亡。一九八九年『ヒルズボロの悲劇』。シェフィールズ・ウェンズデイFCのホームスタジアム『ヒルズボロ　スタジアム』でのFAカップ準決勝　リヴァプールFCVSノッティンガム・フォレストFCで九六人の観客が死亡」（宮内亮吉（二〇〇九）「イングランド・フットボールにおける担い手の変遷史における一考察」早稲田大学大学院スポーツ科学研究科スポーツ科学専攻スポーツ文化研究領域　修士論文二四―二八頁）。https://www.waseda.jp/fsps/gsps/news/2009/12/26/297/

（5）「ヒルズボロの悲劇」の発生後、テイラー判事（Lord Justice Taylor）を団長とした事故調査団が結成され、一九八九年八月には中間報告書を、翌一九九〇年一月にはテイラー・リポートと通称される最終報告書を政府に提出した（月嶋紘之（二〇〇八）「イングランドにおける「フットボール観客法　一九八九」の成立に関する一考察：「フーリガン」を巡る「法的暴力」の実態」『スポーツ史研究　第21号』一―一四頁。飯田義明（二〇〇六）「スタジアムの証券化による資金調達問題と目的」『スポーツ産業学研究　Vol.16　No.1』一三―二三頁）。

（6）『プレミアリーグ』ホームページ　https://www.premierleague.com/about

（7）『BBC News』2015.8.7　http://www.bbc.com/news/business-33149689
（8）久保谷友哉（二〇一四）「イングリッシュ・プレミアリーグにおける スポンサー業種の変遷」二一―六頁。
（9）放映権収入の50％はリーグに所属する全20チームに均等に分配される。残りの50％は各クラブに傾斜配分される（放映されたゲーム数分の傾斜配分25％。最終順位別に傾斜配分25％）。
（『Sportie.com』2016.6.21）http://sportie.com/2016/06/premier-broadcasting
（『毎日新聞』2017.6.4）
（10）「最初に市場に株式上場を行ったのは、一九八三年のトッテナム、『プレミアリーグ』開幕前には三チーム、開幕後には一六チーム、二〇〇〇年には一九チーム、一時二五チームを越えたが、買収や経営破綻で九チームが上場を廃止した。以前は、ほとんどのクラブが有限会社として運営を行っていたが、株式会社化するクラブが増加した」（飯田義明（二〇〇六）「スタジアムの証券化による資金調達問題と目的」二一一―二二一頁）。
（11）川井圭司（二〇〇三）『プロスポーツ選手の法的地位』成文堂、三一八―三五三頁。
（12）、（13）フェラン・ソリアーノ（二〇〇九）『ゴールは偶然の産物ではない　FCバルセロナ流世界最強マネジメント』三五頁。
（14）『BBC NEWS』2007.7.6　http://news.bbc.co.uk/2/hi/business/6277502.stm
・「マンチェスター・シティの買収劇の何より重要な点は、プレミアリーグのサッカー放映はタイ男性の間で最も人気のあるテレビ放映コンテンツであり、したがってスポーツニュースを通じた『タックシン』の宣伝効果が抜群だということである。スポーツ欄の新たな顔としてタックシンは再びメディアの注目を集めることに成功していた」(相沢伸広(二〇一三)「タックシン―亡命指導者によるリモートガバナンス(特集 亡命する政治指導者たち)」『アジ研ワールド・トレンド 二〇九』一〇頁)。

・フェラン・ソリアーノ(二〇〇九)『ゴールは偶然の産物ではない FCバルセロナ流 世界最強マネジメント』三八頁。

(15)『NNA ASIA アジア経済ニュース』2010.8.6。

(16)『REUTERS』2011.4.12。

第2項 シティ・フットボール・ジャパン㈱ 利重代表へのインタビュー

筆者はここ数年間、「シティ・フットボール・グループ」(City Football Group Limited。二〇一四年設立の複数のプロサッカークラブの持株会社。以下「CFG」と略す)の動向に強い関心を抱き注目してきた。その事由は三つある。

第一に、世界のプロサッカービジネスに一五年間以上携わってきた人間から見て、この企業は現在のUK「プレミアリーグ」を最も象徴する企業、現在のプロサッカービジネスの最先端を行く企業、現在のプロスポーツビジネス全体のフロントランナー的企業であり、UK「プレミアリーグ」の、プロサッカービジネスの、プロスポーツビジネスの未来の存在様態を予感させる企業である(善悪両面において)。

第二に、この「ＣＦＧ」は、現在のオリンピック競技大会やＦＩＦＡワールドカップ等のメガ・スポーツイベントの主な開催事由でもあり、かつこれまでの歴史において何度も繰り返されてきた、国家によるスポーツ利用の最先端の存在様態である。

第三に、この「ＣＦＧ」こそ、本書におけるあらたなスポーツ概念、「『他者』との全身体的競争による『望ましき私』を確立するゲーム」という概念を最も適確に体現した企業だと考えるからである。

重商主義、帝国主義、脱国家的な資本主義へと推移してきた資本主義の歴史的発展経緯から考えると非常に逆説的であるが、現在のグローバル資本主義における主人公は、実は個人でも、企業でもなく、「国家」[1]である。「グローバル」という言葉は一見、各国家の差異性を消滅させ、世界はひとつの市場であるという幻想を与えはするが、グローバル資本主義は各国民が、各企業が、各行政組織自らが生き残るために自分達は背面に隠れ、「国家」を盾と矛にして競争をしている状態の別名でもある。

競争の最前列に再び押し出された国家が、国民、企業、行政組織の期待に応え、国家を持続的に発展させるためにスポーツを利用している存在様態、それがオリンピック競技大会やＦＩＦＡワールドカップ等のメガ・スポーツイベントの開催である。国民、企業、行政組織からの負託を受けた国家はそれらのメガ・スポーツイベントの開催により、総体としてのナショナル・ブランド価値を向上させ、国外からのあらゆる形態の資本流入、国内的には対外的国家間競争を煽ることによって統合化を図り、政治、経済、社会等の諸領域における安定性を確保しようとしている。このような国家によるスポーツ利用の最先端の形態、それが「ＣＦＧ」ではないかと考え、関心を抱いてきた。

その「ＣＦＧ」の経営戦略と筆頭株主である「ＡＤＵＧ」（Abu Dhabi United Group for Development and Investment）の株式購入目的を検証するために、シティ・フットボール・ジャパン㈱（CFJ。City Football Japan）利重孝夫代表（Managing Director）に、主に五点の質問項目からなるインタビューを、二〇一七年五月二一日、東京、本郷で実施した。

①サッカーの存在価値とは何か。
②日本において経験した、現在も経験中のプロフットボールビジネスの感想。
③元ＦＣバルセロナ副会長、現「ＣＦＧ」ＣＥＯのフェラン・ソリアーノとの関係。
④「ＡＤＵＧ」が筆頭株主となった、現在も筆頭株主となっている事由。
⑤株式会社としてのプロサッカークラブは誰のために存在するのか。

五点の質問は、極めて特異なサッカーとビジネスキャリアを有する利重代表のサッカー観、プロサッカービジネス観、投資および企業経営観、日本と国外企業の経営戦略の違い、および日本で唯一、利重代表のみしか知りえない「ＣＦＧ」のアクチュアルかつリアルな経営戦略を明確にするために行った。利重代表のサッカーとビジネスキャリアを簡単に紹介する。

利重代表の競技者としてのサッカーキャリアは、読売クラブユースチーム（現Ｊクラブ「東京ヴェルディ」のユースチーム（高校生年代））を経て、東京大学運動会ア式蹴球部（サッカー部）で競技し、現在は母校の東京大学運動会ア式蹴球部の総監督。また東京都文京区の一般社団法人CLUB LB & BRB（傘下に男女のアマチュアサッカークラブあり）の理事等を務めている。

またビジネスキャリアは、一九八八年に日本興業銀行（現㈱みずほフィナンシャルグループ）入社後、ニューヨークのコロンビア大学（Columbia University）に留学しＭＢＡ修得。二〇〇一年、楽天㈱に入社。二〇〇七年に常務執行役員となり、㈱クリムゾンフットボールクラブ取締役（Ｊクラブ『ヴィッセル神戸』の所有企業）等を務め、二〇一二年、楽天㈱を退社し、現在に至っている。「ＣＦＪ」の代表の他に、Ｊクラブ「横浜マリノス㈱」取締役、メディア企業、㈱ソル・メディアの代表取締役等を務めている。

①サッカーの存在価値とは何か。
「サッカーとは、メディア（媒体）である」。

「サッカーを媒介に年齢、国籍等とは無関係にボーダレスに人が繋がる。やがてそこに『場』ができる。その場においてコミュニケーションやビジネス等の関係がさらに顕在化し活発化する。何かを媒介する、つまりはメディアとしてサッカーは存在する。そのことに意義があると強く確信している」。

②日本において経験した、現在も経験中のプロフットボールビジネスの感想。
「最初に勤務した会社である日本興業銀行時代に、MBAを修得するためにNYのコロンビア大学に留学をした。その時にエンターテインメントビジネスへの高い関心が生まれ、エンターテインメントビジネスのひとつであるプロスポーツビジネス、特に自分が競技者として関わってきたプロサッカービジネスに対する関心が生まれた」。

「プロサッカービジネスはコントロールが困難な、さまざまなリスクを抱えたビジネスである。例えばいくら高額な選手を集めてチームを創っても、そのチームが毎年優勝するとは限らない。むしろ毎年優勝することは非常に困難である。またゲームの終了時には必ず勝敗が明確になる非常にわかりやすい、だがその勝敗が経営に大きな影響をもたらす厳しいビジネスである」。

「楽天㈱は、二〇〇二シーズンにJクラブ『東京ヴェルディ』の公式ユニフォームの胸部分の公式スポンサーとなった。当時、Jクラブの公式ユニフォームの胸部分の広告スペースが空くことはほとんどなかった。それほど広告スペースとして人気が高かった。そのような状況の中で、東京にあるJクラブ『東京ヴェルディ』の案件が我々に持ち込まれるとは信じられなかった。『東京ヴェルディ』は私が競技者として過ごした思い出深いクラブでもあった。

当時、楽天㈱は既に上場していたが、より高い信用と知名度、認知度を獲得することを目的に『東京ヴェルディ』の公式ユニフォームの胸部分のスポンサーとなった」。

「当時、プロサッカービジネスに参入することは非常に障壁が高かった。だがスポンサーとして第三者的にプロサッカービジネスに関わる中でさまざまな知見を修得し、次第に第一義的に、すなわち自分達自身が事業主体として、経営者としてプロサッカービジネスに関与したくなった。そこにあるところから依頼があり、熟慮の上、Jクラブ『ヴィッセル神戸』の株式を購入し、クラブ経営の開始を決意した」。

「私はその件に関する最終決定者ではないので、あくまで私自身の推測だが、最終決定者は困難なビジネスに敢えて挑戦し、困難と言われるビジネスの中で成功したくなったのだと想像する。自分の力を再確認し、それを世間に示したくなったのだと推測する。それゆえ『ヴィッセル神戸』の筆頭株主になったのだと思う。それが起業家精神というものではないだろうか」。

「楽天㈱時代の終盤は相当数の企業、団体への投資を検討し実行した。投資とは、投資に対する利益を厳しく追求する行為だと思うが、そのような利益還元以上に自分達の能力を試す、自分達の能力の可能性と限界を見極めようと挑戦することを意味する行為かもしれない。筆頭株主になったからには必ず責任をもって目標（コミットメント）を達成し成果を出そうと懸命に努力する、その結果としての成功例を世界に対して堂々とプレゼンテーションする、そのことを目的として出資家は、プロサッカークラブの筆頭株主になるのかもしれない」。

③元FCバルセロナ副会長、現「CFG」CEOのフェラン・ソリアーノとの関係。

「当時、楽天サイドの責任者として、『FCバルセロナ』と提携し『FCバルセロナオフィシャル楽天カード』を発行した。その時以来の付き合いだから一〇年以上の友人関係となる。プライベートでもとても親密な関係にある」。

「フェラン・ソリアーノが現在『CFG』のCEOとして現実化させていることは、二〇〇九年に日本で発行された彼の著書、『ゴールは偶然の産物ではない　FCバルセロナ流　世界最強マネジメント』に既に書かれている。彼は非常に優秀な経営者でありコンサルタントでもある」。

「あなた（筆者）以外にも非常に多くの方々から彼へのインタビュー依頼をいただいているが、大変残念ながら、彼と私がいくら親しくても彼はいかなるインタビューも受けようとしない。おそらくは特異な『CFG』の経営戦略が模倣されることを避けようとしているのではないだろうか。当然、何らかの情報漏洩対策もあるだろう」。

「ソリアーノはFCバルセロナ副会長を退任した四年後の二〇一二年に、『マンチェスター・シティFC』に招かれ、その二年後の二〇一四年に「CFG」のCEOとなった。その翌年の二〇一五年（私が楽天㈱を退社した三年後）に、私達はある目的のために『CFJ』

（City Football Japan）を設立し、私がその代表に就任した」。

④「ＡＤＵＧ」が筆頭株主となった、現在も筆頭株主となっている事由。

「ご存じのように二〇〇八年に『ＡＤＵＧ』は、現在、私が取締役を務めている『横浜マリノス㈱』等複数クラブの持株会社『ＣＦＧ』ではなく、単独クラブであった『マンチェスター・シティＦＣ』の筆頭株主となった」。

「『ＡＤＵＧ』の実質的なオーナーはアブダビ首長国の王子、シェイク・マンスールである。彼は王子であり政治家でもあり、アブダビ首長国とＵＡＥのさまざまな石油関連企業、投資会社、スポーツ団体で代表を務める非常に有能で多忙を極める王子である」。

「彼および彼が代表を務める投資会社は世界中のさまざまな案件に投資をしている。その様は、まさに宇宙から地下まですべてと言っても過言ではないと思う。そういう意味では『ＣＦＧ』への投資はひとつの投資案件に過ぎない」。

「ただ彼らの『ＣＦＧ』における投資目的は利益還元のみだと思えない。彼らを観察していて思うことは、対西洋社会に対する自信、自分達こそが新しいサッカービジネスを切り盛りするのだという自信と成果を西洋社会に発信することを目的に投資し続けているのだと思うことがある」。

「この新しいビジネスを成功させ、『ＣＦＧ』が成長し続ける姿を世界に見せながら自分達の能力を世界に堂々とプレゼンテーションし、自分達の国、アブダビ首長国とＵＡＥを宣伝することが目的なのではないかと感じることもある」。

「彼らは『ＣＦＧ』にとって、またアブダビ首長国とＵＡＥにとって、次の重要な市場は中国と考え、二〇一五年にはその保有株式の一三％を中国の投資会社『ＣＭＣ』に売却した。彼らは資金調達を目的に株式を売却したのではなく、むしろ『譲渡』という感覚で『ＣＭＣ』に株式を売却し、この事実により正々堂々と正門から中国市場に入場した」。

「株主総会には参加したことがないが、その会議は相当な緊張感に包まれているらしい。シェイク・マンスールや『ＡＤＵＧ』ら株主達は、ＣＥＯのフェラン・ソリアーノら経営陣に、正当で論理的ではあるが相当に厳しい要求をするらしい。シェイク・マンスール、『ＡＤＵＧ』ら株主達は、資本と経営を完全に分離させ、その経営計画を筆頭株主として厳しくチェックするらしい」。

「ＣＥＯのフェラン・ソリアーノを筆頭に経営者達は常に経営目標を達成し続けなければならない。その経営陣達をシェイク・マンスール、『ＡＤＵＧ』ら株主達が支え、サッカーの新しいビジネスモデルを懸命に模索、構築し、ひとつひとつ成功させ、世界へ強烈にプレゼンテーションしている企業、それが『ＣＦＧ』ではないだろうか」。

⑤株式会社としてのプロサッカークラブは誰のために存在するのか。

「プロサッカークラブは、そこに関係したいと望むすべての者のために存在する」。
「だが、プロサッカークラブの究極の所有者は株主である。株主がいなければ、そもそも株式会社としてのプロサッカークラブは存在しない。よって最終的にはプロサッカークラブは株主のために存在する」。

以上が本書において記述可能なすべてである。数々の輝かしい経営経験を有しながらも常に謙虚、冷静、怜悧、心優しき利重代表に、このインタビューの受諾を心から感謝すると同時に、今後の利重代表のますますのご活躍を願うばかりである。

このインタビューを基に、「ADUG」が「CFG」の筆頭株主であり続けている、その主たる事由を考察する。

最初に確認すべきことは、「ADUG」を含めたUK「プレミアリーグ」の全二〇クラブの筆頭株主達は、例えばスペインのプロサッカーリーグの「Liga Española」やドイツの「Fußball Bundesliga」等ではなく、世界中の資産家達がこぞって参入するがゆえに各クラブの株式購入競争が非常に激化し、その株式購入価格が非常に高騰している、この「プレミアリーグ」のクラブの筆頭株主に「敢えて」なろうとしたことである。筆頭株主になった後も、これまでのクラブの負債を返済し、選手獲得、スタジアムやアカデミー施設の建設（アカデミーは、トップチームに選手を昇格させるための年齢別チーム《基本的には一〇歳程度から二歳ごとに一八歳程度まで》

によって構成された選手の育成部門の総称）等に大金を投じ続けているのである。なぜそこまで、このＵＫ「プレミアリーグ」に執着するのか。

それは、このＵＫ「プレミアリーグ」こそが、誰もが認める世界のプロサッカー界における最上位、最高位（プレミアム性）の存在であり、この最高位の世界で自分が筆頭株主であるクラブが優勝すれば、負債にまみれ倒産寸前であったクラブを、あるいは、かつては弱小であったクラブを「世界№１のリーグ」のチャンピオンに成長させたという自身の全力能を全世界に誇示できるためである。そのために、このリーグに所属する各クラブの筆頭株主になるのである。それがＵＫ「プレミアリーグ」の各クラブの筆頭株主になった、現在も株主であり続ける最大公約数的な目的ではないだろうか。

ではそのことを、「ＣＦＧ」の筆頭株主、アブダビ首長国の「ＡＤＵＧ」とシェイク・マンスールの「欲働」に添いながら詳細に検証する。

経済評論家の門倉貴史は、次のようにアブダビ首長国[3]に関して述べている。「アブダビは、世界最大規模の政府系ファンドを運用しており、この巨額の資金を、自国の産業育成、特にＦ１グランプリを誘致する等により観光産業、ニューヨークのグッゲンハイム美術館、パリのルーブル美術館の分館をアブダビに建設する等して文化産業の育成に積極的に投入していく予定だ[4]」。

また、二〇〇九年一一月二五日に発生した「ドバイショック」（Dubai debt crisis）を救済したのも、アブダビ首長国であった。「ドバイショック」とは、前年の二〇〇八年九月に発生した

「リーマンショック」（The financial crisis）以降の不動産ブーム縮小の影響を受け、「ナキール・タワー」等の超高層ビルや「パーム・アイランド」等の人工島の開発等を手がけるデベロッパー「ナキール」等を保有する政府系持株会社「ドバイ・ワールド」が債務返済の繰り延べを要請し、世界の株式市場が急落した金融危機であり、一〇〇億ドル（約九四〇〇億円。二〇〇九年平均為替一ドル＝九四円）を支援し、その危機を救ったのがアブダビ首長国であった。(5)「ＡＤＵＧ」の会長は、シェイク・マンスール・ビン・ザーイド・アル・ナヒヤーン（Sheikh Mansour bin Zayed Al Nahyan。以下、シェイク・マンスールと表記）である。

シェイク・マンスールは、アブダビ首長国の王子であり、ＵＡＥの副首相兼大統領府長官。父は初代ＵＡＥ大統領兼アブダビ首長だった故ザーイド・ビン・スルターン・アール・ナヒヤーン。また彼は「ＡＤＵＧ」以外にも、政府系投資会社ＩＰＩＣ（International Petroleum Investment Company）会長を始めとする、数々の企業の会長を務める、アブダビ首長国、ＵＡＥを代表する経済人でもある。(6)

彼は、スポーツを愛する人物としても非常に有名であり、「ＣＦＧ」の事実上の筆頭株主である他に、一四のプロサッカークラブが所属する、ＵＡＥのプロサッカーリーグ「アラビアン・ガルフ・リーグ」（Arabian Gulf League）の「アル・ジャジーラ・クラブ（Al Jazira Sport Club）」の会長、首長競馬会（ERA。Emirates Racing Authority）の会長でもある。(7)

この「ＡＤＵＧ」が、「ＣＦＧ」（二〇〇八年時点では『マンチェスター・シティＦＣ』）の筆頭株主となった事由には、アブダビ首長国およびUAEの極めて緻密な国家的経済戦略が反映されている。石油や天然ガス等の輸出と、数々の政府系投資ファンドによる全世界からの利益還元のみに依存するのではなく、あらたな国家的な経済戦略、「他者」存在としてのUAE国外からのあらゆる、形態の資本と資産を流入させることを目的とした、輸入型の国家的経済戦略を具現化させること、地政学的メリットを存分に活かしながらヨーロッパとアジアの結節点（ハブ）となり、香港、シンガポール、ロンドン、NYを凌ぐ金融、不動産、観光、貿易等の世界の中心地になることを目的とした国家的経済戦略、そのひとつが「CFG」の筆頭株主になることであった。

全世界から資本を流入させることを目的とした国家的な経済戦略を具現化するために「世界No.1」の豪華な空港、航空会社、飛行機、大型クルージング船専用の港湾、高速道路、マンション、ショッピングセンター、リゾート施設、ホテル等を建設し、また数々の「世界でも最高金額の賞金」を用意した国際的なスポーツイベントを開催することにより全世界を驚かせ、「他者」からの関心の頻度、「他者」の「欲動」の強度を高めようとしている。

例えば、世界のサッカークラブによるチャンピオン決定トーナメント「FIFA Club World Cup 二〇一七」も、二〇〇九と二〇一〇年に続きUAEで開催された。また「マンチェスター・シティFC」だけではなく、例えばスペインの「レアル・マドリードFC」等のクラブを招待したサッカーの親善ゲーム等も開催した。二〇〇九年からは、自動車F1レース（Formula

1® Etihad Airways Abu Dhabi Grand Prix)、賞金総額二七〇万USドル（約三億円。一USドル＝一一〇円計算）のゴルフ（Abu Dhabi HSBC Golf Championship）、テニス（Mubadala World Tennis Championship）等の高額賞金トーナメントも開催してきた。シェイク・マンスール自身が会長を務める首長競馬会（ERA）が主催する、競馬の「ドバイ・ワールドカップ」（Dubai World Cup）は、世界最高クラスの賞金を用意している。その他にも、格闘技（ADCC Submission Fighting World Championship）、ラクダ競争等多数の高賞金スポーツイベントを開催してきた。(8)

これらの国家的建設プロジェクトやスポーツイベントの開催を通じて、シェイク・マンスール自身が、アブダビ首長国およびUAEが、その全力能を全世界に誇示しつつ全世界からの資本流入を企図して次のように言っている。「我々はただ石油による資産蓄積と、その資産運用だけで生きているのではない。我々には偉大な力能があり、いつでもそれを有効に使用し、我々はあらゆる領域で世界チャンピオンになる蓋然性が極めて高い国家である。それゆえ我々を信じて、ますますあらゆる形態の資本を私に、アブダビ首長国およびUAEに投資して欲しい」。そのような国家的な経済戦略が「マンチェスター・シティFC」の筆頭株主になった目的のひとつであった。

「マンチェスター・シティFC」を「マンチェスター・シティFC」以外の他国のプロクラブを複数所有する持株会社「CFG」に発展させ、「CFG」をシェイク・マンスール、「ADUG」、アブダビ首長国およびＵＡＥの全力能を全世界に誇示するための象徴的なメディアとして利用してきた。全力能を現働化させた結果、遂にはスポーツにおいても我々は「世界№１」となることができた。その象徴的成功例、そのサクセスストーリーを追体験させるためのショーケース、そのショーケースを持続的に発展させるために「ＣＦＧ」の筆頭株主であり続けている。そして「ＣＦＧ」が毎週スタジアムで示す勝敗に対して、誰にも咎められることなくＶＩＰ席で感情を露わにし、その感情をショーケースに関わる多くのステークホルダー達と共有し、共有することによって、ともに全身体的な興奮、解放感、快感を得たい、その中心に、その発信地にいたいと強烈に「欲働」していることが読みとれる。その「欲働」はシェイク・マンスール自身の言葉「マンチェスター・シティを世界一のクラブにする」にも表れている。[9] 彼の言葉には、世界のフットボールビジネスの中心人物としての自負と負けん気、その根底に潜む生々しいエロス的、野性的感情が潜んでいる。その感情表出の根底には、一八三五〜一八九二年までＵＡＥがＵＫの保護領であったことに対する「ルサンティマン」、「恨み」、「嫉妬」、「劣等感」、「怒り」等があるのかもしれない。

二〇〇八年、シェイク・マンスールは、「マンチェスター・シティを世界一のクラブにする」ために、クラブの経営をカルドゥーン・アル・ムバラク（Khaldoon Al Mubarak）に託し、彼を「マンチェスター・シティＦＣ」のチェアマンに就任させた。

カルドゥーン・アル・ムバラクは、イタリア、フェラーリの株式等を所有している政府系投資会社「ムバダラ・ディベロップメント・カンパニー（Mubadala Development Company）」のCEO（副会長はシェイク・マンスール）、自動車F1レース（Abu Dhabi Grand Prix）を主宰する「アブダビ・モータースポーツ・マネジメント（Abu Dhabi Motorsports Management）」の会長、彼自身もメンバーである「アブダビ最高評議会（Abu Dhabi Executive Council）」議長に経済的アドバイス等をする「Abu Dhabi Executive Affairs Authority」の会長でもある。彼は、「FIFA Club World Cup」の二〇〇九、二〇一〇年のUAE開催の責任者でもあった。(10)

二〇一二年には、元FCバルセロナの副会長（二〇〇三〜二〇〇八年まで）、フェラン・ソリアーノ（Ferran Soriano）をCEOとして迎えた。フェラン・ソリアーノは起業家であり、コンサルタントとしてヨーロッパやアメリカ等一〇か国以上において消費者産業界、電気通信業界、エンターテインメント業界で活躍した。FCバルセロナの副会長時代には、「クラブ以上の存在」というプロサッカークラブとしては非常に斬新で、革新的なスローガンのもとクラブの財政再建を図るために、クラブの主な収入源であるテレビ放映権、スポンサー、入場券、ライセンス商品、フレンドリーマッチ販売費等を抜本的に見直した。公式ユニフォームの胸部分に「UNICEF」のロゴマークを掲載し「UNICEF」に一五〇万ユーロ（約一・八億円。一ユーロ＝一二〇円で計算）を寄付する等して、「FCバルセロナ」のブランド価値を極限まで高めることに尽力した。(11)

フェラン・ソリアーノはCEOとして、クラブの収益とブランド価値を最大限に高めるために、大きく三点をクラブの取締役、チェアマンのカルドゥーン・アル・ムバラク、筆頭株主である

「ADUG」会長のシェイク・マンスールと協議し、実行した。
第一点目は、トップチームの立て直しのために、「FCバルセロナ」時代にともに仕事をした、元スペイン代表選手、元「FCバルセロナ」、元「浦和レッドダイヤモンズ」の選手でもあったアイトール・ベギリスタインを（Aitor Begiristain Mujika）チーム編成の責任者である「フットボール・ディレクター」として招聘した。
第二点目に、ホームスタジアム「エティハド・スタジアム」（Etihad Stadium）[12]の隣接地に、アカデミー（プロ選手の育成組織）施設の充実を目的として一六・五面のサッカーピッチ、ユースチーム向けのスタジアム（収容人数七〇〇〇人）、トップチームも使用予定の最先端トレーニングセンターや宿泊施設を建設し、二〇一四年に「エティハド・キャンパス」（Etihad Campus）として完成した（CFGの本社ビルもその中にある）。総工費は二億ポンド（約三五〇億円。二〇一四年の平均為替一ポンド＝一七四円計算）と言われている。[13]
第三点目は、「マンチェスター・シティFC」だけでなく、他の大陸にあるプロサッカークラブを複数所有し始めたことである。[14]
まず二〇一三年に、USAのプロサッカーリーグ「メジャーリーグサッカー」の二〇番目の新クラブとして、「ニューヨーク・シティFC」（NYCFC。New York City Football Club LLC）を、USAのMLBに所属する「ニューヨーク・ヤンキース」（New York Yankees）と共同で設立した（二〇一五シーズンからMLSでの公式ゲームに参加）。その株式所有比率は、「CFG」が八〇％、「Yankee Global Enterprises」が二〇％であり、ＣＥＯはフェラン・ソリアーノである。[15]

翌二〇一四年に持株会社としての「シティ・フットボール・グループ」（CFG。City Football Group Limited）を設立し、オーストラリアのプロサッカーリーグ「A-League」（一〇クラブによって構成。ニュージーランドの一クラブが参加）に所属する「メルボルン・シティＦＣ」（Melbourne City FC）の一〇〇％（二〇〇四年時は八〇％）の株式を所有することとなった。[16]

また同年、日産自動車㈱が「ＣＦＧ」のスポンサーになったことにより、その後、Ｊクラブ「横浜マリノス㈱」の株式の二〇％を所有することとなった。[17]

二〇一五年には、今後の中国市場進出を目的に中国におけるパートナー株主として、メディア・娯楽に特化した中国の投資会社「China Media Capital」（CMC。華人文化産業投資基金）と、中国政府が一〇〇％出資し、金融業を中心としたコングロマリット企業 CITIC Group（China International Trust and Investment Corporation。中国中信集団公司（中信公司）。国務院の管轄）に一三・七九％の株式を売却した（八六・二一％は、ＡＤＵＧが所有）。売却額は四億ドル（約四八八億円。二〇一五年の平均為替一ＵＳドル＝一二二円で計算）と言われている。[18]

また同年二〇一五年には、利重孝夫氏が代表に就任したシティ・フットボール・ジャパン㈱（City Football Japan）が設立された。[19]

二〇一七年には、ウルグアイ モンテビデオ（Montevideo）をホームタウンとする、ウルグアイのプロサッカーリーグ二部（Segunda División Professional）に所属する「Club Atlético

「Torque」の株式を一〇〇%所有することとなった[20]。またスペインのプロサッカーリーグ「リーガ・エスパニョーラ」の一部に昇格した「ジローナFC」（Girona Futbol Club。ホームタウンはカタルーニャ州ジローナ）の八〇%の株式も所有した[21]。

こうして「CFG」は、複数のプロサッカークラブ（前述したプロクラブ、チーム以外にも女性チーム、アマチュアチーム等もある）を傘下に持つ、世界でも類を見ないプロサッカークラブの持株会社となり、現在も成長を止めることなく発展し続けている。その成果が「マンチェスター・シティFC」の二〇一〇―二〇一一シーズンの「FA Cup」優勝、二〇一一―一二、二〇一三―一四、二〇一七―一八シーズンにおけるUK「プレミアリーグ」での優勝等の成果に結びついている。

「ADUG」が「CFG」の筆頭株主であり続けている主な目的は、シェイク・マンスール、「ADUG」、アブダビ首長国およびUAEが、あらたなフットボールビジネスを成功させることに果敢に挑戦し成功を収めることによって、世界のフットボールビジネスというゲーム（メタ・ゲーム）の主役、スーパースターは我々であると全世界に誇示し、多数の「他者」から承認と称賛を得、アブダビ首長国およびUAEに全世界から資本を流入させ、国家を持続的に発展させたいと強烈に願う「欲動」であり、「CFG」の勝敗や優勝に対する野性的な感情を「他者」と共有することによって、より深い全身体的な興奮、解放感、快感、熱狂的な連帯感を得ながら、「望ましき私」を確立しようとする「欲動」だと本書では結論づけたい。

次節、このＵＫから独立したＵＳＡのプロスポーツの発展史とプロスポーツ組織の株主になる目的を考察し、「ＣＦＧ」との差異性を明らかにする。

註

（1）「世界公理系の中心部にある国家にとっていまや重要なのは、自国資本の指揮本部と国外の生産拠点、そして販路をむすぶネットワークを保全することである」（萱野稔人（二〇〇五）『国家とはなにか』　二六六頁）。

（2）「すべての力能《ポテンチア》は〈可能態《ポテンチア》でなしに〉現実態《アクトゥス》であり、現に活動中の力としてはたらいている」（ジル・ドゥルーズ（二〇〇二）『スピノザ』　鈴木雅大訳、平凡社ライブラリー、二〇四頁）。

（3）ＵＡＥ。United Arab Emirates。アラブ首長国連邦。首都であるアブダビ、ドバイ等七つの首長国（Emirate）からなる連邦国。一九七二年に連邦体制を確立。一八三五～一八九二年までＵＫの保護国。政治、経済の事実上のリーダー首長国は、アブダビ首長国（Abu Dhabi Emirate）である。アブダビ首長国は豊富な石油資源により、ＵＡＥのＧＤＰの十五％の生産をし、ＵＡＥ予算の八〇％を負担。外務省ホームページ　https://www.mofa.go.jp/mofaj/index.html　ＪＥＴＲＯホームページ　https://www.jetro.go.jp/world/middle_east/ae/basic_01.html

・そのアブダビ首長国内の最大の企業が、アブダビ国営石油会社（ADNOC。Abu Dhabi National Oil Company）である。ADNOCは、アブダビ内の全石油・天然ガス権益を国家として管理するために、一九七一年に設立された。ADNOCは巨額な資産管理を行うために、多数の投資会社と提携している。その中の最大の投資会社が、政府系投資会社であるアブダビ投資庁（ADIA。The Abu Dhabi

Investment Authority）であり、他にもムバダラ・ディベロップメント・カンパニー（Mubadala Development Company）、IPIC（International Petroleum Investment Company）、アーバル・インベストメンツ（Aabar Investments）等の投資会社がある。アブダビ投資庁をはじめ、数々の政府系投資会社は、世界中の株式、債券、外貨、金、あるいは世界中のあらゆる産業、例えば金融、不動産、自動車、航空、船舶、宇宙開発、ＩＴ、観光企業等の株式を購入・売却し、そこから莫大な利益をえている。

ADNOC ホームページ https://www.adnoc.ae/en/about-us/who-we-are

ADIA ホームページ http://www.adia.ae/En/About/About.aspx

Mubadala ホームページ https://www.mubadala.com/en

・「Sovereign Wealth Fund Institute」http://www.swfinstitute.org/fund-rankings/ の二〇一七ファンドランキングによると、ＡＤＩＡの総資産は、八二八〇億ＵＳドル（約九一・一兆円。一ＵＳドル＝一一〇円計算）。SWF（Sovereign Wealth Fund。いわゆる政府系ファンド）としては、世界第二位である。

・「ムバダラ・ディベロップメント・カンパニー（Mubadala Development Company）は、フェラーリの株式5％を所有《2010.10.10 現在》。世界50か国以上で、約六〇億ポンドを運用している。『マンチェスター・イブニング・ニュース』（Manchester Evening News）2010.4.18 http://www.manchestereveningnews.co.uk/sport/football/football-news/well-build-a-true-blue-legacy-968015

・「アブダビ経済ヴィジョン二〇三〇（Abu Dhabi Economic Vision 2030）」では12部門を重点産業として設定してきた。①エネルギー（石油・天然ガス）、②石油化学、③金属、④航空・宇宙・防衛、

⑤製薬・バイオテクノロジー・ライフサイエンス、⑥観光、⑦ヘルスケア・サービス、⑧運輸・貿易・物流、⑨教育、⑩メディア、⑪金融、⑫通信」（齋藤純（二〇一四）「湾岸諸国・経済―アブダビ金融部門における「経済ヴィジョン二〇三〇」の進展状況（中東政治経済レポート）」『中東レビュー 1』日本貿易振興機構アジア経済研究所、一八頁）。

・「アブダビのムバダラは欧米のハイテク技術を持つ企業や研究機関への投資を進めている。特に、エネルギー、航空・宇宙、医療、インフラ分野に注力している」（会田守志（二〇〇八）「オイルマネーラッシュ、マネーから実体経済へGCC諸国の国づくり」『石油・天然ガスレビュー Vol.42 No.6』独立行政法人石油・天然ガス・金属鉱物資源機構、五五―五七頁）。

（4）門倉貴史（二〇〇八）『イスラム金融入門 世界マネーの新潮流』幻冬舎新書、八二―八五頁。

（5）『時事ドットコムニュース』 2009.12.7 https://www.jiji.com/jc/v2?id=dubaishock_01 『REUTERS』2009.12.14 http://jp.reuters.com/article/idJPJAPAN-12923620091214

（6）、（7）『マンチェスター・イブニング・ニュース』。 2010.4.18 http://www.manchestereveningnews.co.uk/sport/football/football-news/sheikh-mansourprofile-967934 シェイク・マンスールの資産は二〇〇億ポンド＝約二・七兆円といわれている（二〇一〇年の平均為替一ポンド＝約一三六円で計算）。『FourFourTwo』 https://www.fourfourtwo.com/ 「The Football Rich List: The Full 100」2011.11.12。

（8）アブダビ政府観光局ホームページ https://visitabudhabi.ae/jp-jp/default.aspx

（9）『Number Web』2012.5.30。

（10）「Manchester City FC」のホームページ https://www.mancity.com/fans-and-community/

club/corporate-information

（11）フェラン・ソリアーノ（二〇〇九）『ゴールは偶然の産物ではない　FCバルセロナ流　世界最強マネジメント』参照。

（12）「エティハド・スタジアム」（Etihad Stadium）。その名称が使用できない場合は、シティ・オブ・マンチェスター・スタジアム（City of Manchester Stadium）と表記・呼称される。「マンチェスター・シティFC」のホームスタジアム（コンサート会場等としても利用）。収容人数約五五〇〇〇人。二〇一〇年一〇月、マンチェスター市議（Manchester City Council）と「マンチェスター・シティFC」が、年間三〇〇万ポンド（約四・二億円。一ポンド＝一四〇円計算）で二五〇年の賃貸借契約を締結した（『マンチェスター・イブニング・ニュース』2010.10.2）http://www.manchestereveningnews.co.uk/news/greater-manchester-news/manchester-city-give-council-an-extra-900188

・また二〇一一年には、「マンチェスター・シティFC」が、エティハド航空（UAEの国営航空会社。アブダビ首長国のフラッグエアー。二〇〇三年設立。Etihadは、アラビア語で『連合』）と一〇年間のユニフォームスポンサー（スタジアム命名権契約を含む）を締結し、以来、「エティハド・スタジアム」（Etihad Stadium）と表記・呼称される。契約金額は、一〇年間総額四億ポンド（約五四四億円。二〇一一年平均為替一ポンド＝一三六円計算。年間約五六億円）（『Number Web』2011.8.5 http://number.bunshun.jp/articles/-/151507）。（『マンチェスター・イブニング・ニュース』2011.7.8）http://www.manchestereveningnews.co.uk/news/greater-manchester-news/manchester-city-announce-deal-to-rename-1221094

（13）『マンチェスター・イブニング・ニュース』2014.3.7　https://www.manchestereveningnews.

co.uk/sport/football/football-news/live-manchester-united-latest-6784348

（14）「名門クラブの名前は世界中で知られており、成功するチームを作るためのノウハウも知っているし、その実績もある。それならばフランチャイズを設立して、例えば日本や北米等他国の発展途上のリーグでプレイするチームを作ってはどうだろうか。つまり、他国のリーグに参戦するチームを作ることである」（フェラン・ソリアーノ（二〇〇九）『ゴールは偶然の産物ではない　ＦＣバルセロナ流　世界最強マネジメント』八八―九二頁）。

（15）「ＮＹＣＦＣ」のホームページ　https://www.nycfc.com/team/careers『日本経済新聞』2013.5.22　https://www.nikkei.com/article/DGXNASGM2201E_S3A520C1EB2000/?n_cid=DSPRM501

（16）『ＢＢＣ』2014.1.22　http://www.bbc.com/sport/football/25854631

（17）『日本経済新聞』2014.7.18　https://www.nikkei.com/article/DGXNZO74417550Y4A710C1TJ2000/

（18）「ＣＦＧ」ホームページ　https://www.mancity.com/fans-and-community/club/corporate-information。『AFP』2015.12.2　http://www.afpbb.com/articles/-/3068746

（19）『日本経済新聞』　2015.3.3　https://www.nikkei.com/article/DGXLSSXK20616_T00C15A3000000/

（20）『Rakuten infoseek News』2017.4.6　https://news.infoseek.co.jp/article/webultrasoccer_272859/

（21）『ＡＳ』2017.6.30。

第4節　BLUE UNITED Co. 中村代表へのインタビュー

第1項　USAにおけるプロスポーツの発展史

次にUSAにおけるプロスポーツ、特にプロサッカーリーグ「メジャーリーグサッカー」の株主達の出資目的を検証する。それに先立ち、まずUSAにおけるプロスポーツの発展史を考察する。

Masteralexisらは、USAにおけるプロスポーツの発展過程[1]の特徴を以下のように述べている（邦訳は筆者による）。「Harness Racing（ジョッキーが乗車する簡易型二輪車を競走馬が引くレース）が最初の国民的娯楽、最初のプロフェッショナルスポーツであったが、南北戦争（一八六一～一八六五年）を境に、その人気は衰え、次にプロ野球リーグが発展した。現在ヨーロッパで展開されているスポーツマネジメントシステムのルーツは、一九世紀に誕生したUSAの各競技のプロフェッショナルリーグにある。ヨーロッパで発達したクラブシステムが、一九世紀USAの経済、文化状況に適合しなかったため、独自のスポーツマネジメントシステムを創った[2]」。

こうして発展してきたUSAの各競技のプロリーグは[3]、以下四つの特徴を持つ。

①リーグのコミッショナー（Commissioner）の権力が強大である。

USA、マサチューセッツ州立大学アマースト校教授のグレンM・ウォンらは、コミッショナーに関して次のように明らかにしている。「コミッショナーはリーグにおける最高責任者、試合運営および経営のトップとして、リーグスポーツの健全な発展のためのリーダーシップが期待されている。一九一九年にMLBで発生したブラックソックス事件を契機にコミッショナー制度が導入され、NFLでは一九四一年、NBAでは一九六七年、NHLでは一九九三年に初代コミッショナーが任命された。コミッショナーはオーナーに雇用される被雇用者。オーナーの四分の三の賛成により任命されるためオーナーの利益代表であるが、オーナーに対する制裁権を持つためコミッショナーはオーナーのボスとなる。コミッショナーはリーグ全体の繁栄を視野に入れ、各チームの利益の最大化を目指すと同時に、リーグの代表としてスポーツビジネスの長期的なあらゆる利益を総合的に確保しながら、各球団オーナーの説得にあたり、合意形成を目指す[4]」。

②リーグが、単一企業（Single Entity）のように機能するため、絶えず反トラスト法との抵触を指摘されてきた（係争を重ねてきた）。

ウォンらはシャーマン法に関して以下のように論考している。「連邦反トラスト法は一九七〇年代のアメリカプロスポーツに多大な影響を与え、労働法とともにアメリカスポーツ法の双璧をなしてきた。その反トラスト法の中心をなすのがシャーマン法であり、その一条には、『取引を制限する全ての契約、結合、共謀を禁止する』と明記されている。シャーマン法一条を巡り、サラリーキャップ、ドラフト制度等選手市場の制限とともに、チームが本拠地の移転を望む場合に同リーグに所属するチームの全会一致、あるいは四分の三の賛同を得なければならない等とするリーグにおけるフランチャイズ制限についても論争が生じてきた」[5]。

③クラブの筆頭株主とリーグを使用者とし、プレイヤーを労働者とする労使関係が常に緊張関係にある。

ウォンらは、選手会と労働協約（CBA。Collective Bargaining Agreement）に関して、以下のように明らかにしている。「一九五三年にMLBで初の選手会が結成され、一九五四年NBA、一九五七年NFL、一九六七年NHLに各選手会が発足した。一九六二年にNBA選手会が初めて労働組合として承認され、リーグとの団体交渉を経て労使の合意である労働協約を締結した。一九六七年NBA、NHLが、一九六八年にMLB、NHLが初めての労働協約を締結した。CBAには選手契約と雇用保障、ドラフト制度、FA制度、サラリーキャップ制度、収益分配制度、苦情処理・仲裁制度、選手の肖像権等が含まれている」[6]。

④USAのプロスポーツクラブ・球団の筆頭株主は、投資に対する利益還元を最終目的とし投資する。投資後の資産価値を向上させるために、ほぼすべてのプロスポーツリーグは、上部・下部リーグ間での昇格・降格がない単独部制（一部制）を採用している。

USAのプロスポーツビジネスは、USAにおける他のビジネスと同様に各プロスポーツクラブおよび球団の株主達に投資利益を還元することを最終の目的としている。これはＵＳＡにおける他の投資行為の目的と同様である。飽くことなく、尽きることがない利益の追求は自分自身と家族が生き残り、「より善き」物質的生活を享受するためであり、そのためにはルールを無視してでも貪欲に（グリードに）搾取可能なところから無慈悲なまでに搾取する、それは神から許された行為であると自己の行為を正当化しながら搾取を押し進め、投資に対する利益還元を限界まで追求する、これがＵＳＡにおける投資者の基本的な考えである。

ＵＳＡのプロスポーツリーグの株主達は長い歴史から多くを学び、自己が所有するチーム、球団等の経常利益と資産価値よりもリーグ全体の経常利益と資産価値を重要視する。その基本思想形成の事由は、リーグ全体が発展してこそ個別クラブ・球団の発展があることを歴史的に学んできたことによる。リーグ全体の経常利益と資産価値が増加・向上してこそ個別クラブ・球団の経常利益と資産価値が増加・向上する、この基本思想に基づいてコミッショナーを雇用し、コミッショナーに各クラブの利害を調整させ、均衡したチーム力による競争という基本戦略のもと、各プロスポーツリーグに最適な制度設計をしリーグを運営してきた。

この基本思想が生まれた背景には「他者」からの称賛に気をよくして、自己資金を惜しげもなく投下する「気前のいい」クラブや球団の株主、その株主自身が経営者となり、会計帳簿等を一切見ることもなくクラブや球団を経営した結果、選手、コーチ、監督等への報酬の遅配・未払い、倒産、八百長、さまざまなスキャンダル等によるスポンサーとファンの減少、それらの連鎖発生によるリーグの消滅等、数多くの負の歴史の経験がある。それら負の歴史を繰り返さないために現在のようなプロスポーツリーグの制度設計がなされた。具体的にはリーグによる収入の一括管理と分配を行い、サラリーキャップ制度により選手人件費の高騰を抑制し、ドラフトのウェーバー制度によって各クラブの戦力均衡を図る等の制度が構築、実践されてきた。

またUSAのプロスポーツビジネスは、株主の資産価値を保全し向上させるために、他国のプロスポーツリーグとは大きく異なる競技システムを導入している。それが上部・下部リーグ間での昇格・降格がない単独部制（一部制）システムである。三〇クラブや球団で構成されたリーグは、そのクラブや球団の株主とフランチャイズ（＝ホームタウン）が変わることはあっても、三〇クラブや球団は、ほぼ不変の存在としてそのリーグに所属し続けることを意味する。このシステムの採用目的は、株主保護であり株主の資産価値を保全し向上させることである。つまりシーズンごとにクラブや球団が上部・下部を昇格・降格した場合は、当然リーグからの分配金が大きく増加あるいは減少し経営が安定しない、その不安定さを嫌い単独部制を採用していることがUSAのプロスポーツリーグの大きな特徴である。

しかしUSAのプロスポーツの状況に関して、ハーバード大学教授のマイケル・サンデルは次のように述べている。「アメリカ文化のなかでプロ野球、アメリカンフットボール、バスケットボール、アイスホッケーほど社会の一体感と市民の誇りの源となっているものはない。スタジアムはアメリカの市民的信仰の大聖堂であるが、チームの本拠地の自治体がスタジアムに巨額の公的補助金を出すことを渋れば、本拠地を変えると脅したりするのが今のオーナー達の常套手段だ(7)」。

最後に「メジャーリーグサッカー」の概要を整理し、次項に繋げたい。

「メジャーリーグサッカー」は、一九九四年のFIFAワールドカップUSA大会後の一九九六年に一〇クラブでスタートし、現在リーグには二二クラブが所属しているが、二〇一八―一九シーズンは二四クラブでリーグが構成されることが予定されている（今後もおそらく他のプロリーグと同様に三〇クラブまでの拡大、エクスパンション《Expansion》が行われるであろう）。当然ながら、他のプロスポーツリーグと同様の単独部制（一部）で下部リーグとの昇格・降格はない。現在、新規クラブがリーグに入会する場合の入会金は一億ドルである（『Jリーグ』、J1クラブの入会金は六〇〇〇万円。『Jリーグ規約　第19条』）。

このような「メジャーリーグサッカー」の状況を、『日経ビジネス　ON LINE』（二〇一五年九月七日）では次のように述べている。「二〇一四年シーズンにおける一試合あたりの平均観客動員数は一万九一四七人と過去最高を記録した。この数字はNFLやMLBに次ぐ数字である。リーグの価値が上がったことで、二〇一五年シーズンの放映権料は年間九〇〇〇万ドル（約一一二億五〇〇〇万円）と前年比五倍に急増、新規参入の際のフランチャイズ費も一億ドル（約一二五億円）を突破。平均観客動員数が伸び悩んでいるJリーグとは対照的である」。

また同メディア二〇一五年九月九日号では「メジャーリーグサッカー」のマーク・アボット

社長兼副コミッショナーへのインタビューが掲載され、アボット社長は次のようにインタビューに答えている。

「一九九四年にワールドカップが開催された。実は、FIFAとはワールドカップの開催前に自国リーグを開始することを協議していたが、結果的に一九九六年の開幕になった。ワールドカップの大成功によってクラブオーナーや自治体、スポンサー等の関心が増したことを考えれば、正しい決断だった。リーグの立ち上げ当初、チケット収入をリーグとクラブで折半していたが、後にクラブがチケット収入の三分の二を得られるように制度を変えた。オールスターゲームの開催等、オーナーがサッカー専用スタジアムの所有を進めるようなインセンティブを導入した。新規参入を認める際にオーナーの財政基盤やスタジアム建設プランを求めるようになったのも、スタジアム所有の重要性を理解しているためだ。先日、一八〜三四歳の人々の間でプロサッカーがNFLに次ぐ人気だという調査がESPNから出た。これは実際にプレイしたいスポーツではなく、観戦したいスポーツという中での結果だ。このことは我々の投資の結果だ」。

以上の検証を経て、USAにおけるスポーツの発展史とプロスポーツの発展史を次のように考察する。

ＵＳＡは主にヨーロッパからの移住者達が政治的、経済的、社会的、文化的な彼らの全生活領域において、彼ら自身が主人公となるべく自由と平等を求めて彼ら自身の祖国と戦い、彼ら移住者たちの力で独立を勝ち取り成立した国である。

一七七六年の独立後も何らかの事由で祖国を捨てざるをえなくなった世界各地の多数の人々が、ＵＳＡでの生活に夢と希望と期待を抱き移住し続けた。移住者はＵＳＡを祖国のような身分制度がない、自由で平等、それゆえ個人の尊厳が尊重される解放的な国であるとの事由から危険を冒して移住した。手つかずの豊かな自然が満ち溢れ、所有者がいない広大な土地が眼前に拡がる、可能性と挑戦意欲を掻き立てる国だと認識し、あらたな輝かしい人生を送るためにすべてを捨てて移住してきた。祖国の重苦しい桎梏と呪縛から解放され、脅迫、暴力、強制、命令、指示等を誰からも受けることなくすべて自己責任で自己の全力能を発揮できる、その結果、成功者として広大な土地を所有し多くの資本を蓄積し、家族と享楽的に生きようとする強い自己肯定感と挑戦心を胸に抱き移住してきた。多数の移住者にとってＵＳＡは、彼らのさまざまな「欲望」を現実化、現働化させることを可能とし、その結果、多様な「欲働」が自由気ままに存在する国だった。

このような移住者達のギラギラした野性的な、飼い馴らされていないエロス的「欲動」が、やがて祖国のヨーロッパとは異なるスポーツを「地」とする、特異な「図」であるプロスポーツを誕生させた。

祖国のヨーロッパでは王侯や貴族を頂点に最下層の奴隷にいたるまでの厳しい身分制の下でス

ポーツが数百年かけて成熟し、ブルジョワジーの勃興とともに一九世紀後半に「近代スポーツ」が誕生した。スポーツ内部での主導権を巡り、王侯や貴族達は保守的なアマチュアリズムによって自己の存在を主張し、一方ブルジョワジーは、中産階級者、プロレタリアート、一獲千金を夢見る国外からの移住者等を競技者とする革新的なプロスポーツを支援した。移住者達の祖国ヨーロッパでは、スポーツの中においても激烈な階級闘争が起こっていた。USAへの移住者のほとんどは、彼らの祖国においては王侯や貴族ではなかった。現在においても未来においても生活の不安がほぼない王侯や貴族であれば死をも覚悟しなければならない、非常に危険性の高い移住を選択しなかったであろう（政治的に亡命した王侯、貴族は除く）。移住者達には非常に高いリスクを冒してまでも移住せざるをえない切実な事由が存在した。そのような事由を背景に持つ移住者が自分達を苦しめ、搾取し続けた祖国の王侯や貴族達を許すはずもないであろうし、そのような人間達が死守しようとした保守的なアマチュアリズムを支持するはずもない。また王侯や貴族の愉しみのためだけに、かつて自分達移住者の家族全員が何らかの形で強制的に動員させられたであろうキツネ狩り、釣り、登山、乗馬等、王侯や貴族達が愛したスポーツを心から愛することも決してなかったであろう。移住者にとってそれらのスポーツは祖国での辛く悲しい思い出と精神的苦痛だけを再生産する、忌避すべき対象に過ぎなかったのではないだろうか。

同時に眼前には生存するために克服すべき、あるいは生存するために必要不可欠な食糧、住居、衣料の原材料である自然と彼らに所有されることを待っている大地がただ横たわっていた。移住者達はこの新しい国で生き残っていくためには、決して苦しい過去を回想すること、後悔することなく、現在と未来をただ可能性のみが溢れる時間だと楽観的に認識して「他者」よりも少しでも早く速く、一歩でも「前へ、前へ、前へ」と攻撃的、闘争的に前進し、「他者」との競争に勝利することにしか関心を抱かなかった。

そのような移住者達の「徹底的に反祖国的、反ヨーロッパ的に生きたい」という欲動が「他者」存在としての彼らの祖国ヨーロッパが生んだ「オフサイドという反則を設定した」サッカー、ラグビー、ホッケー等とは対極にある、「オフサイドという反則を設定しない」バスケットボール、バレーボール、アメリカンフットボール等のスポーツを誕生させた。現在のUSAの一秒でも速く、一mでも遠くへ、一mでも高くという単純な「より速く、より強く、より高く」という攻撃志向、防御（ディフェンス）よりも攻撃（オフェンス）を好むという傾向には、移住者達の「徹底的に反祖国的、反ヨーロッパ的に生きたい」という欲動が大きな影響を与えたはずである。

未開拓の大地と金（Gold）を求め、多数の「他者」と激しく競争しながらUSA内を縦横無尽に移動する者達、彼らの移動にビジネスチャンスを見出し、彼ら大量の移住者達を顧客とした馬の繁殖、馬車製造、鉄道敷設、住宅等の建設業、不動産業、職業斡旋業、食料品、衣料品、銃の販売業等に投資する者達、彼ら投資家達の下で働く賃金労働者達が求めたのは、わずかな余暇時間に疲労困憊した身体をさらに酷使し自らがスポーツを競技すること等ではなく、わずかな余暇時間に日常のすべてを忘却し、ただ娯楽として愉しめる飲食を伴う観戦スポーツだった。貴重な余暇時間に、単に飲食を伴う娯楽（エンターテインメント）としてスポーツを観戦するだけでは満足できず、そのスポーツ観戦にさらに明日以降の移動資金やビジネスへの投資資金を獲得できるかもしれないギャンブルの実施を求めた。そこに彼らの需要に応えることを目的としたより大きな資本を有する投資家が現れ、観戦とギャンブルの対象となる多数のゲームを各地で主催し、投資家は観戦とギャンブルの対象となりうる高レベルな多数の競技者と契約し、報酬を支払うという興行としてのプロスポーツが誕生した。

このようにして誕生したプロスポーツの観戦スタイルがUSAの主な移住者達の祖国であるヨーロッパと異なるのは当然である。ヨーロッパあるいは日本では競技を観戦するために、自分が関心を持つ選手やチームを応援するためにスタジアムや球場に出かける、あるいはテレビやインターネット等でゲームを熱心に視聴する。

だがUSAでは、コミュニケーションを活発化させ、相互理解を深めることを主目的に家族や友人、コミュニティの仲間達と飲食を伴いながらスポーツを観戦する。プロスポーツの観戦を通じて移住者達は「出身地は異なるが、いま、ここで、ひとつのアメリカ人になろう」、「これまでは、お互い無関係な『他者』であったが、これからは『他者』ではなく同一のアメリカ人になろう」とするのではないだろうか。そこには、一七七六年に人工的に創出された国家、人工的に創出されたアメリカ人が、同じように人工的に造られたゲーム、スポーツに、他国国民以上に親和的な感情移入をしていることは明らかである。

プロスポーツのゲーム開始前にアメリカ国歌を一緒に歌い、多くのアメリカ人は自身がアメリカ人であることを再確認し、プロスポーツを祖先の労苦が詰まった約四〇〇年間の歴史と、アメリカ人としての自負と誇りを思い出させてくれる神からの大切なプレゼントとして大いに愉しみ、かつ享楽的にスペクテータースポーツとして消費し、ギャンブルの対象にする。抑圧、搾取、差別、偏見、暴力等によって個人の意見と尊厳を踏みにじられ困難な状況に貶められていた辛い過去があったからこそ、それらの艱難辛苦を超克し、輝かしい現在と未来に生きるために「他者」に関心を持ち、「他者」の尊厳、意見、「欲働」を積極的に肯定し続けようとするアメリカ人としての生き方が、アメリカ人の特異なスポーツ観に大いに反映されている。これらのことを次項、BLUE UNITED Co. 中村代表へのインタビューを通じて明らかにする。

註

（1）Lisa P. Masteralexis、Carol A.Barr、Mary A.Hums（二〇一五）は、『Principles and Practice of SPORT MANAGEMENT fifth edition』二四―二五頁において、USAにおけるプロスポーツの発展過程を「SPORT MANAGEMENT TIME LINE」として、以下のように時系列順にまとめている。（　）は筆者が記入。

（BC776 First ancient Olympic Games）。

（AD393 Last ancient Olympic Games）。

1750　Establishment of Jockey Club in Newmarket。

1851 First America's Cup（sailing）。
1869 Cincinnati Red Stockings become first professional baseball club。
1871 National Association of Professional Baseball Players founded。
1875 First running of Kentucky Derby（horse racing）。
1876 National League of Professional Baseball Players founded。
1892 Basketball invented。
1894 International Olympic Committee fouded。
1896 First modern Olympic Games in Athens, Greece。
1900 Women first compete in Olympic games。
1903 First Tour de France。
1904 Fédération Internationale de Football Association（FIFA）founded。
1910 Intercollegiate Atheletic Association of the United States changes name to National Collegiate Atheletic Association（NCAA）。
1911 First Indianapolis 500。
1912 International Association of Atheletics Federation（IAAF）began。
1916 First Professional Golf Association（PGA）Championship。
1917 National Hockey League（NHL）established。
1920 National Football League（NFL）began。
1924 First Winter Olympic Games in Chamonix, France。

1930 First FIFA World Cup（soccer）in Uruguay。
1933 First NFL Championship。
1939 First NCAA basketball tournament。
1946 National Basketball Association（NBA）established。
1950 First Formula One Championship（F1）。
Ladies Professional Golf Association（LFGA）founded。
1960 First Paralympic Games in Rome,Italy。
Arnold Palmer signed as the International Management Group's（IMG）first client。
1967 First Super Bowl。
1976 First Winter Paralympic Games。
1988 The International Olympic Committee（IOC）decided to make all professional atheletes eligible for the Olympics, subject to the approval of the International Federations。
1991 First FIFA Women's World Cup（soccer）。

（2）Lisa P. Masteralexis、Carol A.Barr、Mary A.Hums（二〇一五）『Principles and Practice of SPORT MANAGEMENT fifth edition』五―八頁。

（3）Lisa P. Masteralexis、Carol A.Barr、Mary A.Hums（二〇一五）は、『Principles and Practice of SPORT MANAGEMENT fifth edition』三三二―三三三頁において、現在のＵＳＡにおけるプロリーグを以下のように述べている。「こうして発展したＵＳＡの主要な五つのプロリーグは、ＭＬＢ《Major League Baseball》、ＮＢＡ「《The National Basketball Association》、ＮＦＬ《The National

Football League》、NHL《The National Hockey League》、MLS《Major League Soccer》であり、この五つのリーグの他に、例えば二〇一三年現在では、AFL《The Arena Football League》、MLL《Major League Lacrosse》、NLL《The National Lacrosse League》、WNBA《The Women's National Basketball Association》、NWSL《The National Women's Soccer League》等のプロリーグが存在している。また個人競技としては、自動車、ボクシング、フェンシング、フィギュアスケート、ゴルフ、テニス、ラケットボール、ランニング、陸上競技等があり、それらは各競技のトーナメント主催組織が主催するトーナメントに個人で参加するシステムになっている」。

（4）グレン・M・ウォン、川井圭司（二〇一二）『スポーツビジネスの法と文化』成文堂、一〇一―一〇四頁。

（5）同右、一一三頁。

（6）同右、一五八頁。

（7）マイケル・サンデル（二〇一一）『公共哲学　政治における道徳を考える』鬼澤忍訳、ちくま学芸文庫、一二七―一三二頁。

第2項　BLUE UNITED Co. 中村代表へのインタビュー

USAのプロスポーツビジネスにおける株主達の「欲働」を考察するためには、最近二〇年間で急激に成長した（現在も成長し続けている）プロサッカーリーグ「メジャーリーグサッカー」の株主達の出資目的を検証することが最先端の考察になると考え、ニューヨークを拠点に世界中のプロサッカービジネス界で活躍するスポーツマーケティング会社、BLUE UNITED CORPORATION（以下、BLUE UNITED Co.と表記）中村武彦 President and CEO（以下、中村代表と表記）に主に五点の質問項目からなるインタビューを二〇一七年六月二三日、東京、八重洲で実施した。

①ＵＳＡを特徴づける最大公約数的な人生観とはなにか。
②ＵＳＡにおけるスポーツ観はどのようなものか。
③ＵＳＡにおける「メジャーリーグサッカー」を中心とするプロスポーツ組織の株主達のプロスポーツ観はどのようなものか。
④ＵＳＡにおける「メジャーリーグサッカー」を中心とするプロスポーツ組織の株式購入の主たる目的はなにか。
⑤ＵＳＡにおける「メジャーリーグサッカー」を中心とするプロスポーツ組織の経営の特徴とはなにか。

五点の質問は、人生の半分をＵＳＡで過ごし、現在も日本とＵＳＡの「架け橋」となるべくＵＳＡと日本を激しく往還する中村代表の極めて特異なキャリアから、中村代表のＵＳＡ観、アメリカ人観、日本とＵＳＡのスポーツ、サッカー、プロサッカービジネス、企業経営観の違いをインタビューし、中村代表のみしか知りえない「メジャーリーグサッカー」のアクチュアルかつリアルな投資戦略を明確にするために実施した。中村代表のサッカーとビジネスキャリアを簡単に紹介する。

中村代表は、幼少時代の一〇年間をＵＳＡで過ごした後に帰国。青山学院大学体育会サッカー部に所属し、大学卒業後は日本電気株式会社（ＮＥＣ）海外事業本部・北米事業部を経て、『スポーツナビゲーション』編集部に勤務。二〇〇二年、マサチューセッツ州立大学アマースト校経営学部スポーツマネジメント修士課程に入学。二〇〇五年、「メジャーリーグサッカー」国際部に入社。二〇〇七年、国際部アジア市場統括責任者。二〇〇九年、「ＦＣバルセロナ」国際部アジア・北米・オセアニア地域ディレクターに就任。二〇一〇年、スポーツマーケティング会社、LeadOff Sports Marketing 社のゼネラルマネジャーに就任。二〇一四年、スペイン ISDE 法科大学院：国際スポーツ法修士課程に入学。二〇一五年、BLUE UNITED Co. を設立した。

①ＵＳＡを特徴づける最大公約数的な人生観とはなにか。

「ＵＳＡでは個人および個人の尊厳、権利、意見を非常に尊重する。それゆえ個人を徹底的に褒める。よって公衆の面前で個人を恥ずかしめることはタブーである。教員だからといって講義中に、ある学生の意見を他の学生の前で否定することはない、まず褒めるまたは認める。その後、必要であればその意見を修正する。またその意見や態度に何か大きな問題があれば、その学生を講義後に別室に呼んで一対一で徹底的に議論をする。また教員による体罰等は訴訟の対象となるので、そもそも存在しない」。

「例えばアメリカンフットボールでも、野球でも、何かのスポーツイベントの開始前には必ず国歌斉唱を行う。それはアメリカ人としてのアイデンティティをリマインドさせるためである。世界中から多様な民族が移住して成立しているUSAで生きるためには、アメリカ人になることが求められる。国歌斉唱はアメリカ人になる、アメリカ人として生きることを想起させる装置だと思う。アメリカ人はどのような特徴を持つ国民かと問われれば、ファミリーを大切にする、流浪生活、常に意思表示が求められる、走りながら考える、世界に先駆ける、Happy、徹底的に愉しむ、自己責任、修正能力が高い、柔軟である、我慢強くない、消費するのみで節約という意識が希薄、集中力の持続時間は短い等というキーワードで表現できると思う」。

「あくまで個人的感想だが、多くのアメリカ人は高校を卒業すると親元を離れて大学の寮で暮らす。大学卒業後は『Happy』であるためにチャンスを求めて転職を繰り返す。そのような『流浪』的ともいえる人生において大切なことは、常に笑顔を絶やさず、理想的な体形を保ち、歯並びをよくし、歯を白く輝かす等、自己をコントロール、律することができる人間というイメージを体現し続けること、それらのことを常に求められていると思う」。

②USAにおけるスポーツ観はどのようなものか。

「スポーツ観戦はアメリカ人にとっては、『Social Gathering』である。多くの日本人はプレイやゲームを観戦することを主目的にスタジアムや球場に行くが、アメリカ人は家族や友人達、家の近所の人達と飲食を愉しむためにスタジアムや球場に行く。飲食をしながらコミュニケーションをすることが第一の目的であるため、観戦するスポーツの競技レベルはあまり関係がない。だから例えばマイナーリーグのゲームでも観戦者が非常に多い。彼らがゲーム自体を集中して観戦するのは、野球であれば八、九回だけということがたびたび起こる。自分が愉しく、愉しませてくれるエンターテインメントという認識でプロスポーツを捉えている。同時にプロスポーツはどこにいても、誰にとっても、みんなを繋げてくれる楽しく素晴らしいものだと考えている」。

「また例えば野球は、ただボールを遠くに飛ばせばいい、速くとって速く投げればいいスポーツだと考えている。重要なのは最終結果であり、そのプロセスにはあまり強い関心を抱かない」。

「プロスポーツは、自分達が愉しむエンターテインメントのひとつであるという認識が非常に強い」。

③ＵＳＡにおける「メジャーリーグサッカー」を中心とするプロスポーツ組織の株主達のプロスポーツ観はどのようなものか。

「例えば『メジャーリーグサッカー』に所属するクラブ等、プロスポーツ組織の株主達にとって最も重要なことは、自身が株式を所有するプロスポーツ組織の資産価値である。例えそのプロスポーツ組織が単年度の経営赤字になっても気にしない、最終的な資産価値が増大すればよいとする傾向が強い。どのようなプロスポーツ組織であれ、世界で唯一の大切な存在であるとポジティブに考える傾向が強い。自分が株式を所有するクラブや球団が世界で唯一の非常に愛すべき大切な存在であると考えるがゆえに、そのクラブや球団の評価＝資産価値を減少させることには激しく抵抗する。それゆえクラブや球団の評価＝資産価値を減少させるリスクが非常に高い昇格・降格があるリーグシステムを決して導入しない。ＮＦＬ、ＭＬＢ、ＮＢＡ、ＮＨＬ、ＭＬＳに所属するクラブや球団は、いずれも三〇クラブや球団であり（現在ＮＦＬは三二クラブ、ＮＨＬは三一クラブ、ＭＬＳは二四クラブ）、その三〇クラブはほぼ不動のクラブや球団であり（筆頭株主、ホームタウン等の変更を除く）、それら三〇クラブの筆頭株主の結びつきは非常に強固である。そのため各プロリーグは非リーグ関係者達にとっては非常に排他的で閉鎖的である。徹底的に排他的で閉鎖的なリーグにすることによって、憧れとしてのブランド価値＝資産価値を持続的に向上させている。競技が行われるフィールド、コート、スケートリンク、ピッチ上での戦力は均衡させるが、フィールド、コート、スケートリンク、ピッチ外では、それらのリーグに入ることを（クラブや球団の株主になることを）激しく競わせ、価値やステータスやプレステージを常に向上させるべくリーグは経営努力を続けている」

「『メジャーリーグサッカー』をはじめUSAにおけるプロスポーツリーグでは昇格・降格システムを廃止している。もし昇格・降格があれば経営が不安定になり、クラブや球団の株式所有者の資産価値が変動し不安定になってしまうからだ。つまり株主の資産価値の向上を最終目的とする、株主のための株主によるプロスポーツリーグなのである。それはある意味、究極の『護送船団方式』とも言える」。

④USAにおける「メジャーリーグサッカー」を中心とするプロスポーツ組織の株式購入の主たる目的はなにか。

「まず確認すべきことは、USAにおける各プロスポーツリーグは例えば『メジャーリーグサッカー』を観ても明らかなように、第一に、閉鎖的かつ排他的であるがゆえにブランド価値、ステータス、プレステージは向上し続けるリーグだということ。第二に、各プロスポーツリーグは必ずシーズンごとに厳しい経営改善を行うがゆえに、リーグそのものは成長し続けるという事実。第三に、例えば国民数が今なお、また今後も増加し続けるであろうという予測に基づき、USAの各プロスポーツは成長を止めることがないと考えられている。それゆえ、いわば『右肩上がり』に持続的に資産価値が向上し、投資案件として考えれば元金・元本が保証された非常に安全で高リターンが期待できる投資案件であると投資家は考えている。それゆえ是非投資したいと考えるが、その門扉がなかなか開かないのが現状である」。

「USAにおける『メジャーリーグサッカー』を中心とするプロスポーツ組織の株式取得の主たる事由は、整理すれば以下の五点に集約できると思う」。

1）元本、元金を保証された非常に安全な投資案件であるため。

2）自己満足（目標達成）のため。

3）自分自身や家族が生まれ育った地域への貢献のため。

4）政治、経済、文化、学界、スポーツ界の元スーパースター等のエスタブリッシュメント層、エリート層へのスムースなアクセス権を獲得できるため。

5）筆頭株主の相互協力による、あらたなビジネス展開の期待から。

⑤USAにおける「メジャーリーグサッカー」を中心とするプロスポーツ組織の経営の特徴とはなにか。

「これはUSAの他のビジネスにも共通することかもしれないが、例えば『メジャーリーグサッカー』ではとにかく『先に基盤を創る』。USAにおけるプロスポーツ組織の株主達は、チームを構成する選手や監督等に投資するよりも先に優秀な経営者の確保、次にクラブの収益を増加させるマーケティング部門等における優秀な社員の確保のために金銭、時間、労力を投資する。雇用された経営者、社員達はプロフェッショナルとして、株主の資産価値向上という最終目的を達成するために惜しみなくハードワークをする。そのために社員数は多いし競争も激しい。ただし結果を残し、組織内での階層が上がるにしたがい報酬も飛躍的に増大する。そこが他国のように、まず選手や監督等チームに先に投資をする国との大きな違いである。当然その背景には、USAの各プロリーグには昇格・降格システムがないため、チーム力の向上を経営の最優先課題としなくてもよいという事情がある」。

「プロスポーツは自分達が愉しむエンターテインメントのひとつである、と多くのアメリカ人達が思っているため、彼らの欲求に応えようと考えられる限りのさまざまなサービス、商品、イベント等を徹底的に提供する。なぜならプロスポーツといってもサッカー、アメリカンフットボール、野球、バスケットボール、アイスホッケー以外にも多数のリーグがあり、またテニス、ゴルフ等のトーナメント、ボクシング等の格闘技、競馬等のプロスポーツビジネスがある。そのようにプロスポーツ間においてさえ、その競争は非常に激しい。またプロスポーツをエンターテインメントのひとつと考えれば、例えばディズニーランド、音楽、映画、演劇等他のエンターテインメントとの競争はさらに激しい。それゆえ、それらの競争に勝利し生き残るために最大限の経営努力をする。それがUSAのプロスポーツ組織の経営の特徴だと思う」。

以上が、BLUE UNITED Co. 中村代表へのインタビューであり、本書において記述可能なすべてである。このインタビューを受諾していただいた中村代表へ心から感謝すると同時に、中村代表の今後のますますのご活躍を切に願う。

中村代表へのインタビューを通じて明らかになったことは、「メジャーリーグサッカー」および他のプロリーグは、株主達が保有するクラブや球団の資産価値を向上させ続けることを目的に、昇格・降格システムを導入しないことであった。

同時に資産価値の向上という目的は、「他者」の存在と「他者」との闘争的競争による勝利を前提とし、「他者」の存在をより強く意識し（『他者の資産はどの程度のものなのか』、『他者はいかにして資産を効率的に形成しているのか』）、「他者」に対する「欲働」が極大化したもの（『他者の資産より一ドルでも多く！』、『他者の資産より一ドルでも多いことを、一人でも多くの他者から称賛されたい！』）であることを再認識させられた。これほどまで強烈に、かつストレートに「他者」との闘争的競争による勝敗を意識した株式の購入目的を他国で見ることはできない。

「他者」と「他者の欲働」を最大限に尊重した上で、スポーツにおける熱狂を通じて過去や日常性をすべて忘却し、同じアメリカ人として連帯し、ただこの瞬間を思う存分心から愉しむ、その素晴らしきUSAの伝統が消滅しないことを願うばかりである。

では次節において、日本のプロサッカーリーグ「Jリーグ」に所属するクラブの株主の「欲働」に関して考察する。

第5節　日本におけるプロサッカークラブの株主の状況

日本におけるプロサッカーリーグ、「Jリーグ」は一九九三年に開始された。一九九三年時点でリーグに所属するクラブ数は十クラブであった。それから二五年後の二〇一八年時点では三部構成、総クラブ数は五四クラブとなった（J1《一部》十八クラブ。J2《二部》二二クラブ。J3《三部》十七クラブ《そのうち三クラブは、J1クラブのセカンドチーム》。J1の下位二クラブはJ2に自動降格。J2の下位二クラブはJ3に降格する）[1]。

筆者は二〇〇〇年～二〇一二年の十二年間に、この五四クラブのうち七クラブ（法人名ではなくチーム名のみを表記する）、「東京ヴェルディ」、「湘南ベルマーレ」[2]、「サガン鳥栖」に在籍し、「清水エスパルス」、「ジェフユナイテッド市原・千葉」、「アビスパ福岡」、「FC岐阜」にはマーケティング、経営業務で深く関与した。同時に二〇〇七～二〇一六年まで、日本国外のプロサッカークラブ、「FCバルセロナ」、「CAオサスナ」（スペイン、パンプローナ）、「レアル・ソシエダ」（スペイン、サン・セバスチャン）、「SDエイバル」（スペイン、エイバル）、「レギア・ワルシャワ」（ポーランド、ワルシャワ）、「ポリス・ユナイテッド」（タイ、バンコク）、「プノンペン・クラウン」（カンボジア、プノンペン）の計七クラブ、国内外合計十四クラブのマーケティング、経営業務等に関与してきた。

今なお当時の関係者が各クラブに在籍していることもあり、本書ではＪリーグそのもの、あるいは各クラブの経営、マーケティングに関する検討は避けたい。

「Ｊリーグ」が果たした功績を一言で表現すれば、「機会を創出したこと」、「チャンスを創出したこと」である。選手、監督やコーチ等の指導者、観戦者、ビジネスパーソン、投資家、研究者、教育者、政治家、行政関係者等にさまざまな「チャンス」を与え、彼らの「欲働」を実現させたことである。「Ｊリーグ」が誕生して以来、日本のプロスポーツビジネスは大きく変化し、スポーツ界全体に与えた影響は計り知れない。それはスポーツ界だけにとどまらず政治、行政、自治体、経済界、研究・教育界等にも大きな影響を与えた。

だが大変残念なことに「Ｊリーグ」の開始から二五年が経過しても、リーグに所属する五四クラブのうち、非日本国籍所有者（国籍変更者は除外し、かつ単独の非日本国籍所有者に限定する）の筆頭株主がいるクラブは現存しない、かつ過去にもまったく存在しなかった。五四もクラブがありながら、それら全クラブは非日本国籍所有者に株式購入のチャンスをまったく与えてこなかった。つまり非日本国籍所有者の株式購入「欲働」をまったく刺激しない、非国際的かつドメスティックな状況を四半世紀も延々と続けてきたのである。なぜだろうか。事由は明確である。それは、いかなるＪクラブも非日本国籍所有者の「欲働」の対象にならなかったからである（株式購入を検討した人間は多数いたのかもしれないが、正確に検証できない）。

筆者がＪクラブに在籍していた二〇一二年までは、「公益財団法人日本プロサッカーリーグ規約・規定集」の中に、非日本国籍所有者によるクラブの株式取得制限が明文化されていた（二〇一七年時点では改正されている。二〇〇八年には、筆者が差別的規約として異議申し立てをしていた）。だがその規約によって、非日本国籍所有者が株式購入を最終的に断念したとは思えない。彼ら非日本国籍所有者が株式購入を最終的に断念した事由はただひとつ、筆頭株主になる価値がないと判断した、現在もそう判断しているからである。

その大きな要因のひとつは、「Jリーグ」に所属する各クラブの存在理由を過度に、過剰なまでに「地域に密着したクラブ」と強調し過ぎたからである。

確かに一九九一年、社団法人日本プロサッカーリーグ（二〇一二年より公益社団法人に移行。通称、Jリーグ）設立時の、「地域に密着した総合型スポーツクラブの設立」（天然芝のフィールド、スタジアムの建設も合わせて）というスローガンは、当時の日本のプロスポーツ界を完全に支配し、企業宣伝と広告のために存在したプロ野球リーグ（NPB。Nippon Professional Baseball Organization）への対抗軸としては正解であった。

だがそれ以降もあまりにも「地域」の重要性を強調し過ぎた結果、「地域」と言えばすべてが許容されると誤認し、クラブとリーグの存在理由と意義、存在価値を真摯に思考することを停止してしまった。日本人（日本国籍所有者）にとっては「地域に密着したクラブ」という言葉は、「愛郷心」を伴って胸に響く言葉なのかもしれない。だがその「地域」を理解できない、そもそもそのような地域性にいかなる魅力も感じず、投資の正当性を一切担保されない言葉にほだされて株式を購入する心優しき思いやり溢れる非日本国籍所有者が存在するであろうか。

例えば日本人であるあなたに、あなたと過去にも、現在も、未来にもまったく何の関係もない「ワイオミング州、シャイアンの地域発展のために」と言われて、あなたが好きでもない、投資利益が還元されることがほぼ期待できない、世界的にもランクの低いプロサッカークラブの株式をあなたはおそらく購入しないであろう。存在理由と存在意義が不明確なクラブの株式を購入することは無駄な投資であり、筆頭株主になった後に担わされる「地域」での政治的、経済的、社会的リスクが非常に高いことが事前にわかっている場合、誰も株式を購入しない。

かりに節税対策として、あり余る余剰資金を活用するために非日本国籍所有者が筆頭株主になろうとしても、「あなたは非日本国籍所有者だから、この地域のことを根底から理解できない。それゆえ心から地域を愛することができない。このクラブは地域のためにあるので、地域を愛する人にしか、このクラブの株式は売却しない。ただお金のためだけに、われわれはクラブを地域を売らない」と排除されるだけである。そのような閉鎖的、排外的な地域のクラブの筆頭株主に誰がなるのか。そのようなクラブによって構成されているリーグであるため、ＵＫ「プレミアリーグ」の「ＣＦＧ」のように国家戦略としての力能の誇示も、ＵＳＡ「メジャーリーグサッカー」のように資産価値の向上等も一切望めないがゆえに、非日本国籍所有者による筆頭株主が誕生しないのである。

前述したようにＵＳＡ「メジャーリーグサッカー」の場合は、まずは選手の人件費を「サラリーキャップ制度」で抑制し、選手、監督獲得等に投資する前に経営者、収益を増加させるマーケティング部門の社員確保等に投資することを明らかにしたが、Ｊクラブの場合はそのような投資がされることはほぼない。そのような投資を決断する強固な意志と賢明な経営戦略をもった筆頭株主は、過去にも現在にも存在しない。それが証拠に、国外の高レベルのプロリーグで実績をあげた、非常に優秀なプロサッカークラブの経営者や社員が長期的な常勤者として招聘された事例は一例もない。なぜか。

日本という国家、市場、社会のすべてが特殊、閉鎖的、排除的であるため日本人でなければ日本の特殊性を理解できない、それゆえ非日本国籍所有者に経営を任すことはできない、彼らに経営は無理である（以前は、元選手でなければ、サッカービジネスは理解できないという論理で『他者』を排除してきた）と、「他者」である非日本国籍所有の常勤経営者や社員を傲慢に排除してきたからである。だが非日本国籍所有者の選手や監督等の場合は彼らは日本人と異なり、競技レベルと勝利に対する目的意識が非常に高く、チームを優勝に導いてくれるからと、例えばブラジル人、韓国人等の非日本国籍所有者を大喜びで多数招聘してきた。この傲慢さと卑屈さが一体となった言動から読み取れるのは、非日本国籍所有者のプロサッカークラブの経営者や社員はレベルが低いと判断しているのか、あるいは自分達の就業機会が奪われることの怖れと不安に基づく判断なのか、そのいずれかであろう。

二五年間の歴史の中で、数々のクラブが幾度失敗しても、その失敗事例に学ぶこともなく、まず選手獲得に時間、労力、金銭を投資してしまう。獲得した選手は獲得した翌日のトレーニング中にケガをし、契約期間中の全ゲームに出場することができなくなる蓋然性も非常に高いのである。サッカーというゲームはそのような危険性を含んだ競技なのである。あるいは獲得した選手が先入観や偏見からチームメイトを極度に低評価し、本来の目的であるチームの勝利をめざすこともなく、次の移籍クラブからのオファーを得るためだけにエゴイスティック性をむき出しにして競技し、ただチームのバランスを崩壊させる蓋然性も非常に高いのである。そのような危険な蓋然性をもつ選手に安易に投資してしまう。

現在のプロサッカー(3)において、ただ一人で相手チームの攻撃を防御し、自チームの攻撃を構築し、最後にゴールを決めるというスーパースターは存在しない。例え特異なプレースタイルで一瞬にしてゴールを決め自チームを勝利させ、リーグ優勝をさせるスーパースターが存在したとしても、残念ながらその選手が全盛時にJクラブに来ることはない。なぜなら世界中のプロサッカークラブが欲しがる選手の移籍金は非常に高騰し、その移籍金を支払えるJクラブは存在しないからである。そのようなスーパースターを獲得できないと理解していながらも、まずは選手の獲得に投資するのである。そのようにして獲得した選手は世界の現役スーパースターではない。それにもかかわらずそのような選手を獲得するために多額な金額を投資し、自チームの勝利、リーグ優勝にも結びつけることができず投資資金をただ無駄に使っている。それを二五年間繰り返してきたのが「Jリーグ」のクラブである。この二五年間で「地域に密着した」Jクラブは、クラブがホームタウンとする自治体の公的資金、すなわち税金を十分過ぎるほど使ってきた。そのステージを超え、次のステージに向かうために残りの七五年間で、[4]非日本国籍所有者の常勤経営者、社員等にクラブ経営を任せ、彼らがクラブのブランドと投資価値を大いに向上させ、世界に敢然とアピールし非日本国籍所有者の「欲働」を強度に刺激し、多数の非日本国籍所有者が筆頭株主となった多数のプロサッカークラブが存在するプロサッカーリーグになってもいいのではないだろうか。

註

（1）「Jリーグ」ホームページ　https://www.jleague.jp/aboutj/

（2）湘南ベルマーレに在籍中、産業能率大学と湘南ベルマーレによる世界初の共同プロジェクトを成功させた。二〇〇四年四月以降、産業能率大学が湘南ベルマーレの公式ユニフォーム胸部分のスポンサーとなり、湘南ベルマーレは（筆者が）産業能率大学内に新設された新規スポーツマネジメント&マーケティング講義を担当した。その共同プロジェクトの成功体験を基に執筆した拙著が『新発想「日本型市民スポーツクラブの創り方」』（ぶんか社。二〇〇七年）である。このプロジェクトが世界初のプロジェクトであることを知ったのは、二〇〇四年五月、BLUE UNITED Co. 中村代表のコーディネートにより、USAマサチューセッツ州立大学アマースト校経営学部スポーツマネジメントコース（The University of Massachusetts Amherst　Isenberg school managemnet the Mark h. Mccormack Department of sport management）のリサ・マスターレクシス学部長（Lisa P.

Masteralexis。当時の役職）にお会いした時に（彼女の日本初の記念講演を依頼するために訪米。そして同年九月に産業能率大学での講義にて実現）、「それは世界初の素晴らしいプロジェクトである」と、彼女が驚嘆しつつ称賛してくれたことにより、その事実を初めて知った。この世界初の共同プロジェクトは産業能率大学の急激な入学者増加と偏差値上昇をもたらし、日本の大学界にも強い衝撃を与え、その後の日本の大学におけるスポーツマネジメント学部、学科、コース等の新設ブームを巻き起こし、筆者自身も他Jクラブ、プロ野球球団等にそのノウハウを積極的に開示し、各大学がJクラブ、プロ野球球団のスポンサーとなり、Jクラブ、プロ野球球団がその大学での講義、クラブ公式行事、インターンシップ学生の受入れ等を行うようになった。また二〇一〇年には、筆者にとっての最重要なビジネスパートナーである三浦康資氏の協力により、日本人として初めてタイ「プレミアリーグ」に所属するプロサッカークラブ「ポリス・ユナイテッド」（タイ国家警察が母体）のオフィシャル・アドバイザーに就任し（タイ『プレミアリーグ』史上でも初）、以降、タイにおける「Jリーグ」のTV放映、タイ「プレミアリーグ」への多数の日本人選手、コーチ、監督等の移籍、タイ「プレミアリーグ」に所属する各クラブとJクラブの業務提携等が発展するブームを巻き起こした。

（3）「FCバルセロナの元選手であり元監督のヨハン・クライフも述べたように、サッカーというものはミスのゲームである。サッカーでは、試合でのミスの数をできる限り減らすことが何よりも重要だ」（フェラン・ソリアーノ（二〇〇九）『ゴールは偶然の産物ではない　FCバルセロナ流　世界最強マネジメント』一〇二頁）。

（4）「Jリーグ」の「百年構想」。「誰もが気軽にスポーツを楽しめるような環境が整ってはじめて、豊かなスポーツ文化ははぐくまれます。そのためには、生活圏内にスポーツを楽しむ場が必要となります。そこには、緑の芝生におおわれた広場やアリーナやクラブハウスがあります。誰もが、年齢、体力、技能、目的に応じて、優れたコーチの下で、好きなスポーツを楽しみます。『する』『観る』『支える』、スポーツの楽しみ方も人それぞれです」、「Jリーグは一九九三年の発足以来、サッカーを通してあらゆるスポーツを老若男女が楽しめる豊かな国をめざしたいという思いから、『Jリーグ百年構想 ～スポーツでもっと幸せな国へ。～』というスローガンを掲げてスポーツ振興に取り組んできています。Jリーグは今年、この『Jリーグ百年構想』をより多くの方々に、より身近にわかりやすく伝えていくために、人々のスポーツへのさまざまな関わりを表現した『DO! ALL SPORTS』というキャッチフレーズを掲げました。あらゆるスポーツを行う《Play Sports》だけでなく、スポーツを観る、語る、応援するといった、生活の場に根付いたスポーツとのかかわりを推進することで、豊かなスポーツ文化の醸成を目指していきます」。「Jリーグ」ホームページ https://www.jleague.jp/aboutj/100year.html

第6節 プロサッカークラブの株主達の出資目的

ここまでプロサッカークラブの筆頭株主になる目的を、UK「プレミアリーグ」における「CFG」、USAの「メジャーリーグサッカー」、日本の「Jリーグ」を対象に考察してきた。当然のことながら、UK「プレミアリーグ」に所属するすべてのクラブが「CFG」の筆頭株主である「ＡＤＵＧ」のように「国家戦略としてのクラブのショーケース化」「全世界に対する自分たちの力能の誇示」という目的で筆頭株主になっているわけではない。「マンチェスター・ユナイテッドＦＣ」や「アーセナルＦＣ」等のクラブにおいて、アメリカ人が筆頭株主になる目的は明らかに投資に対する利益還元の追求である。

同様にＵＳＡ「メジャーリーグサッカー」における筆頭株主になる目的は「資産価値の向上」だけではない。本書では残念ながら考察することができなかったが、元マイクロソフトの共同設立者であるポール・アレン（Paul Gardner Allen）が、ＮＦＬ「シアトル・シーホークス」（Seattle Seahawks）、ＮＢＡ「ポートランド・トレイル・ブレイザーズ」（Portland Trail Blazers）、ＭＬＳ「シアトル・サウンダーズＦＣ」（Seattle Sounders FC）の筆頭株主（シアトルは共同株主）になった目的は資産価値の向上ではなく（彼は莫大な資産を保有し大学、医療機関等に相当額の寄付をしている）、地域貢献とスポーツを愛するがゆえのようである。(1)

これらに対して、日本の「Ｊリーグ」に所属するクラブの筆頭株主になる目的が明確にされることはほぼない。政治家やホームタウンの知事や市長等の首長、大企業の社長等のエスタブリッシュメント層（あくまで彼ら筆頭株主が考えるエスタブリッシュメント層）へのアクセス権獲得、ホームタウンにおける名声と権威の確立、あるいは自己のビジネスへの利益誘導を考えて筆頭株主になったのかもしれないが、非常に「曖昧」なままである。

どの時代においても、どの国・地域においても、プロサッカークラブの筆頭株主になることができる条件は、株式を購入できる資金を有し、逮捕・拘留、民事・刑事事件の裁判中、有罪判決の確定中（執行猶予付判決を含む）でないことのみである（過去の犯罪歴は不問とされる）。株式購入にあたっては、出資者の性格、品性、知性、潜在的な株式購入目的等が隅々まで問われることはほぼない。それがすべてのプロサッカークラブの筆頭株主に共通する、ただひとつの事実である。

プロサッカークラブの筆頭株主に共通する株式の購入目的は、プロサッカークラブが多数の他者の「欲動」によって構成される公共的存在であることを十二分に認識しており、多数の「他者」＝多数のステークホルダー達の「欲動」を筆頭株主として最根源から支えることにより（敢えて困難に挑戦し、自己の全力能を現働化することにより）、多数のステークホルダー達から救世主として感謝、称賛、崇拝されること、「望ましき私」になるためである。

さらに毎週のゲームを通じて他のプロサッカークラブと、そのクラブの株主達との闘争的競争に勝利し、その結果リーグや大会で優勝することによって、他の投資案件では決して味わうことができない体験、つまり毎週、数万人の観客で埋まるスタジアムのＶＩＰ席やフィールドで、あるいはメディアの前で、堂々と勝利と敗北に関する感情を露わにすることが許される全身的な解放感、快感（エクスタシー）、興奮を得るためである。そして悦びや悲しみ、怒り等の全身体的なメッセージの発信によって自クラブ以外の、さらにより幅広い多数の「他者」からの熱狂的かつ連帯的な承認と称賛を獲得するために筆頭株主になるのである。プロサッカークラブは、そのような筆頭株主の極めてエロス的、野性的な「欲動」を寛大に許容し、歓待する存在でもある。そしてその大株主もクラブの赤字を補填するための自己投入資金が枯渇した、他のステークホルダー達から経営成果の承認や人格的信頼等をすべて失った（その結果の裁判も含む）、あるいは何らかの罪を犯した場合は、その地位から去らなければならない置換可能な存在でもある。プロサッカー、スポーツはゲームであり、ゲームは常に「他者」（次の大株主になりたい人間）との競争を内包しており、ゲームの始まりは終わりを意味する。

同時にプロサッカークラブは筆頭株主の「欲動」以外にも、卓越した競技技術によりクラブとの雇用契約成立を望む年代別、性別の競技者（プレイヤー）、指導者（監督、各種コーチ）、プロサッカービジネスの発展に貢献したいと願う勤務者（各部門の社員）、株主の期待に応えたいと願う経営者、スポンサードをすることにより自社のブランド価値を向上させたいと願うスポンサー（企業、団体、個人）、サポーター、ホームタウンの象徴として利用しようとする行政関係者、政治家、研究者、教育者等のさまざまな「欲動」をも寛大に許容し歓待する存在でもある。

さまざまなステークホルダー達は、プロサッカークラブが毎週、対戦相手と闘争的に競争し勝敗という明確な結果をスタジアムで提示するからこそ（ゲームとリーグは開始と終了の間に存在する）、その勝利と敗北に対する感情を誰からも抑制されることなく思う存分発散でき、その感情露出が何万人もの「他者」で埋まるスタジアム全体で同時的に共有され、さらにテレビ、SNS等のメディアを通じて数千万単位の「他者」と共有されていくことにますます興奮し熱狂する

（大いなる連帯感に包まれ孤独ではないため）、だからプロサッカークラブに、その根源要素であるプロスポーツに、スポーツにより深く関わりたいと願うのである。

その根底でプロサッカークラブは、特定の人間の特定の「欲働」のみで成立しているのではなく、多数のステークホルダー達の「欲働」が等価に絡み合いながら成立するがゆえに、公有性と公開性を有した「より望ましき」、「より善き」公共的な存在へと発展していく可能性を秘めた存在であることを、すべてのステークホルダー達は了解している。関わりに終わりがあることを深く了解しているがゆえにその存在により強く、より深く関わろうとするのである。

プロサッカークラブの株主になることがプロサッカービジネスの根源的「欲働」であり、プロサッカービジネスはプロスポーツビジネスの頂点に立ち、そのプロスポーツビジネスがスポーツを象徴するひとつであるならば、本章において抽出した「プロサッカークラブの筆頭株主になる目的は、『他者』＝他クラブを巡るさまざまな全身体的競争に勝利し、より多数の『他者』からの承認と称賛を獲得し、勝敗に対する野性的な感情を『他者』と共有することによって、より深い全身体的な興奮、解放感、快楽感、熱狂的な連帯感を得ながら、『望ましき私』を確立すること」という事実によって、第3章において再提示した、「スポーツとはなにか」という問いに対する最適解としての仮説、あらたなスポーツ概念の正当性と正統性が証明されたと考える。

また、「スポーツといかにより善く関わるのか」という問いに対する最適解、スポーツに「より善く」関わるとは、スポーツに関わる多数の「他者」と「他者の欲働」を決して排除することなく、多数の「他者」と「より善く」関わることである。多数の「他者」と「より善く」関わるとは、多数の「他者」と私が対話を通じて、それぞれの尊厳、名誉を無償の愛、友愛、寛容の心を持って強く肯定することである。スポーツの「望ましき在り方」、「より善き在り方」を「他者」とともに模索し、その解を共有するべく努力し続けることが、スポーツと「より善く」関わるということである。

の正当性と正統性は、筆者を含めたスポーツを愛する多くの人々の今後の努力によってしか証明されないと考える。それゆえその努力を決して怠ることなく、これからもスポーツに真摯に関わりたいと想う。

註

（1）ポール・アレン（二〇一五）『ぼくとビル・ゲイツとマイクロソフト　アイデアマンの軌跡と夢』夏目大訳、講談社。参照。

第7節　今後のオリンピック競技大会の開催に関して

「東京二〇二〇オリンピック・パラリンピック」に関しては、その成功と、両大会の成功に向けて日々奮闘されている大会組織委員会、東京都、ＪＯＣ、ＪＰＣ、ＩＯＣ等、大会開催に関わるすべての関係者の方々の努力が報われることを強く願っている。

同時に大会開催までの残り二年間が計画通りに進行し、特定集団のみに利益・便益が集中することなく、開催の成功を大義名分とした国民に対する監視体制の強化がなし崩し的に進行しないことを、また大会期間中に大規模なテロ（サイバーテロも含む）等が発生せず当初の目的が達成され、大会終了後には、二〇一一年から蓄積されてきた知見が未来に向けた〝レガシー〟として、日本国内および全世界で広く、深く、長く共有されることを期待している。

だが、ヨーロッパが世界の中心であった一九世紀、そのヨーロッパから始まったオリンピック競技大会の開催は今後も本当に必要だろうか。「オリンピック憲章」には、「オリンピック競技大会は、個人種目または団体種目での選手間の競争であり、国家間の競争ではない」と書かれてはいるが、今なお日本のメディアで最終的に報道されるのは、「日本の今回の金メダル獲得数は…」等という国家別のメダル獲得数の、あるいはこれまでの大会における日本の獲得メダル数との比較である。この報道の有り様は、まさにオリンピック競技大会が国家間の競争として行われていることの証明であり、「OLYMPIC LEGACY」に書かれた〝レガシー〟の規定、「開催国家、国民としての誇りの増大」等の表記を読めば、国家が全面に出る競技大会であることは明らかである（「東京二〇二〇　アクション&レガシープラン二〇一七」における「オールジャパン」宣言も、そのことを証明している）。

オリンピック大会に参加する競技関係者の最大の目的はメダルの獲得であり、目標達成と自己有能感の悦び、エクシタシーに浸ることである。そして「私」を支えてくれた競技関係者達に感謝し、「恩返し」をすることであろう。

だが非競技関係者の関心は、それではない。確かに競技関係者による素晴らしい競技とゲームの結果は長く記憶に残り、生きる悦びや勇気、「私もやればできる！」という未来への明るい可能性を大いに示してはくれる。しかしそれは何もオリンピック大会だけによって特別に聖なる「啓示」として与えられるものではない。どのようなレベルのゲーム、どのような参加者による競技大会であっても、その大会に自由に関わることにより（観戦者やスポンサー等として）、いかようにもそのような「啓示」を得ることができる。そもそもスポーツは非日常的なゲーム、フィクションであり、自分なりの関心を持ち、自分なりのスタイル（時間、関わり方、関わり具合）で自由に関わり（関わらないという選択も自由にできる）、誰に強制されるでもなく自由に「啓示」を得ることができる営為である。それだけで十分である。そのような自由な関わり方こそが最も自然で持続可能なスポーツとの関わり方であり、スポーツとの「望ましき」、「善き」関わり方ではないだろうか。自分達に何のメリットもないまま自分達の大切な税金を無駄に使われ[1]、その挙句、ＩＯＣ、国家、受益集団[2]によって非日常的、博覧会的、古典的な大会への参加を強制されることが果たしてスポーツとのより自由な、より主体的、能動的な「より望ましき」、「より善き」関わり方であろうか。

オリンピック大会のような大げさなイベントに無理矢理関わらせられるよりも、例えば明日のゴルフ・コンペで自分のベスト・スコアを出せるかどうか、あるいは一週間後の市主催のテニス大会で優勝できるかどうか、中学校のバスケットボールクラブ（部活動）のトレーニング中にコーチから暴言を吐かれないか、自分が株主であるプロサッカークラブの明日のゲームの観客数はどれくらいか、自分が賭けた競走馬が勝つか、オンライン上での最新「サッカーゲーム」での自分の得点ランキングはどれくらいになるか等、自分にとって最も関心のあるスポーツ、自分の生活に最も密接しているスポーツに自由に関わることが、はるかに「健康的」である。

そしてまた、彼らのようなオリンピック大会における非競技関係者こそがオリンピック・パラリンピック競技大会を巡る数的多数派であり、その人口比率は、全世界人口の九九・九九九…％を占める[3]。功利主義的な原則、「最大多数の最大幸福」を、また「民主主義的多数決の原理による決定」をオリンピック競技大会の開催是非に公正、公平に当てはめると、オリンピック競技大会の開催は、全世界人口の圧倒的多数派である非競技関係者にとっては最大幸福をもたらさない、多数派によって否決されるべき大会になってしまう。

数的には完全に少数派のための非民主主義的な大会、オリンピック競技大会の開催は本当にこれからも必要なのか。[4] 競技関係者は、各競技別の世界大会で勝敗を競えば十分ではないか。大会開催に費やされる税金をもっと身近で切実な別のスポーツ政策に費やすことを考えてもよいのではないか。相変わらずドーピング問題は解決されない、開催都市を巡る不透明な招致資金は存在し続ける、莫大な税金を投入した競技施設の運営維持費にさらなる税金が秘かに使われ続けている、高騰し続けるテレビ放映権によってオリンピック競技大会の視聴が不可能となっている国々がますます増加している等、一部の人間のみが利益と便益を享受し続ける様相が強まってきたオリンピック競技大会の開催の是非をそろそろ本格的に議論する必要がある。議論し続けることによってオリンピック競技大会の「望ましき在り方」、「より善き在り方」を方向づける段階に来ている。その方向づけをすることが、「東京二〇二〇オリンピック」の最大最高の〝レガシー〟であり、スポーツ哲学に課せられた大きな課題だと考える。

註

（1）「この二一世紀、オリンピックは『祝賀資本主義』の形態をとるようになっている。祝賀資本主義というのは、民間企業に利益をもたらす一方で納税者にリスクを負わせる、偏った公民連携に特徴づけられる政治経済的構造のことである。メディアがもてはやす超商業的なスペクタクルの開催を理由に、通常の政治のルールは一時停止される。そのスペクタクルの安全を保つのは、テロ防止に責任を負う筋骨たくましい警備員である。彼らは政治的な反対運動を抑えこみ、祭典を守る。祝賀資本主義は、明るく楽しいゆすり・たかり行為であり、トリクルダウン理論の逆の効果をもたらす経済活動であって、その犠牲になる人びとをたいへん苦しめる。」（ジュールズ・ボイコフ（二〇一八）『オリンピック秘史《ひし》　一二〇年の覇権と利権』　中島由華訳、早川書房、一九三頁）。

（2）「IOCや実業界の『ワールドワイドパートナー』は開催地の都市あるいは国から税額控除を受けるべきではない。税額控除を受ければ、開催地のコミュニティに渡るべき資金がわきへ逸れ、企業のポケットに戻ってしまうからだ」（同上、二九三頁）。

（3）国際連合によると、二〇一七年現在の世界の人口は、七五・五億人。スポーツ庁によると、二〇一六年リオデジャネイロ大会の参加選手数は約一一〇〇〇人。全世界の人口に対する参加選手数の比率は、〇・〇〇一五％。『AFPBB News』によると、リオデジャネイロ大会の総開催費用は、約一・三兆円。これを単純計算すると、選手一人当たり約一億円以上、大会開催期間が一七日間であったため、一日当たり約七六五億円かかった計算になる。

・「世界人口予測　二〇一七改訂版」（World Population Prospects The 2017 Revision）国際連合（United Nations）、https://esa.un.org/unpd/wpp/Publications/Files/WPP2017_KeyFindings.pdf

・スポーツ庁

・『AFPBB News』　2016.7.20。http://www.afpbb.com/articles/-/3094527

（4）「オリンピックの開催は経済発展を後押しするという毎年繰り返される主張には、実証的な裏付けはほとんどない」（アンドリュー・ジンバリスト（二〇一六）『オリンピック経済幻想論』　田端優訳、ブックマン社、一五四頁）。「政府は借り入れた資金を数十年がかりで返済していかねばならず、それによって他の政府プロジェクトへの資金や雇用を減らしてしまうこと」、「巨大スポーツイベントの開催は、結局のところ、既存の権力構造や格差の構造を強化する傾向にあるのだ」(同上、一六〇頁)。

第8節　むすび

本書では「スポーツとはなにか」、「スポーツといかにより善く関わるのか」という二つの問いに対する最適解がオープンな場で公正、公平に討議され、その結果、誰もが納得する形での解が構築され、拡く共有されればパワハラ、セクハラ等のさまざまなハラスメント、体罰、暴力事件等の軽減と、それらの不幸な事件に巻き込まれスポーツを嫌悪、憎悪し、心身に大きなダメージを負った方々の回復に少しでも役立つかもしれないと考え、その最適解を得ようとした。

現在、スポーツに何らかの形で関わっている、あるいは今後何らかの形でスポーツと関わりたいと願う者達は、「スポーツとはなにか」、「スポーツといかにより善く関わるのか」というこの二つの問いを議論する場にひとりでも多くの人間が参加できるように積極的に扉を開き続けるべきである。

そのために例えば研究者は、自説の根源的根拠性を謙虚に、徹底的に懐疑することから始めなければならないだろう。哲学はヨーロッパが生んだ思考方法であり、日本人である私が、どこまでその本質に接近することができるのか。あるいは日本の土壌と大いに異なる粘土質の土壌で生まれたサッカーやラグビーという競技の本質に、日本人である私はどこまで迫れるのか等、常に始源性ではなく根源性を懐疑し、フッサールが言うように、人類の公僕として研究に集中しなければならないだろう(1)。

そしてその後も自説のみに拘泥せず、「他者」との議論と対話を何度も重ね、「他者」の論考を素直に受容する必要がある。その議論と対話を常に公開し、公有することによって、より多数の「他者」が議論と対話に参加できる多数の機会を創出する必要がある。決して特定の人間のみで、密室の中で、この問いに対する最適解を見つけようとしてはならない。密室の中で導き出される解は公開性と公有性を持ちえず、公共的解へと発展しない。スポーツを議論する場に多くの「他者」が参加してこそ公開性と公有性が担保され、そこで導き出される解のレベルが上がる。解のレベルが上がれば現在生じているスポーツを巡る諸問題の解決の蓋然性が高まるかもしれない。スポーツを巡る諸問題を解決し、ひとりでも多くの人間が無理のない、それぞれのスタイルでスポーツに「より善く」関わることがスポーツを「より善い」方向へと発展させ、スポーツに関わる人々の幸福の実現に少しでも貢献できるかもしれない。スポーツに関わる人間は決して扉と窓を閉め切って「他者」の入室を拒否してはならない。

スポーツの世界で「他者」の尊厳、名誉、存在、「欲動」を否定し、踏みにじる、差別と偏見に基づく、絶えることなく続くあらゆるハラスメント、暴力、体罰等は許されるべきではない。また「他者」を犠牲とし、「他者」を排除し、狭隘な精神に基づいた自己、家族、友人達の権益

（権力、権威、利益）確保だけを目的とする知性と品性を著しく欠く恥ずべき組織的扇動、贈収賄等のあらゆる言動も軽減させる必要がある。それらの言動を許すことは「他者」存在を否定することに加担し、最終的には自己の存在を否定することに繋がる。スポーツは特定の人間のためだけに存在するのではなく、常に多数の人々のために「開かれて」存在する、よって決して「他者」と「他者の欲動」を排除してはならない。そのことを決して忘れず想起し続けることが何よりも肝要である、これを本書の結語としたい。

註

（1）「我々は哲学的思考においては、人類の公僕である。哲学こそが、人類の真の存在、目標を目指す存在を実現可能とする」（エトムント・フッサール（一九九五）『ヨーロッパ諸学の危機と超越論的現象学』細谷恒夫、木田元訳、中公文庫、四一頁）。

あとがき

本書の出版にあたり、人生の師である桂木行人さん、論創社の森下社長、本原稿を何度もご丁寧に査読いただき、数々の適確なご指摘をいただいた恩師である同志社大学名誉教授の工藤和男先生、修士論文のご担当教員であった兵庫教育大学の森田啓之先生、大学院修士課程の同級生であった芦屋大学の金相煥先生、本書および修士論文のために貴重な時間を割いていただき、快くインタビューに応じていただいたシティ・フットボールクラブ・ジャパン㈱利重孝夫代表、BLUE UNITED Co. 中村武彦代表、利重代表を紹介していただいた名古屋ＯＪＡ片桐正大代表に心から御礼申し上げます。

本書が照射したいと願うのは、希望と可能性に満ち溢れた輝かしき未来です。未来に生きる生者への贈り物として、また愛してやまないわが妻、父、母を始めとする多くの死者へ、そして多くのお世話になった方々、愛する友人達と弟に、本書を花として捧げます。

参考文献（筆者名、図書名の五十音順。英文はアルファベット順）

相沢伸広（二〇一三）「タックシン―亡命指導者によるリモートガバナンス（特集 亡命する政治指導者たち）」『アジ研ワールド・トレンド 209』 日本貿易振興機構アジア経済研究所、九―一二頁。

会田守志（二〇〇八）「オイルマネーラッシューマネーから実体経済へGCC諸国の国づくり」『石油・天然ガスレビュー Vol.42 No.6』 独立行政法人石油・天然ガス・金属鉱物資源機構、五一―六二頁。

荒牧亜衣（二〇一三）「第三〇回オリンピック競技大会招致関連資料からみるオリンピック・レガシー」『体育学研究 第58巻 第1号』 一―一七頁。

蟻川恒正（二〇一六）『尊厳と身分―憲法的思惟と「日本」という問題』 岩波書店。

アリストテレス（二〇一五）『ニコマコス倫理学（上）』 渡辺邦夫・立花幸司訳、光文社古典新訳文庫。

アリストテレス（二〇一六）『ニコマコス倫理学（下）』 渡辺邦夫・立花幸司訳、光文社古典新訳文庫。

ポール・アレン（二〇一五）『ぼくとビル・ゲイツとマイクロソフト アイデアマンの軌跡と夢』 夏目大訳、講談社。

ハンナ・アーレント（一九九四）『人間の条件』 志水速雄訳、ちくま学芸文庫。

タミム・アンサリー（二〇一六）『イスラームから見た「世界史」』 小沢千重子訳、紀伊國屋書店。

飯田義明（二〇〇五）「イングランドにおけるプロ・サッカークラブのスタジアム変容に関する一考察」『専修大学体育研究紀要 29』 七―一六頁。

飯田義明（二〇〇六）「スタジアムの証券化による資金調達問題と目的」『スポーツ産業学研究 Vol.16 No.1』 一三―二三頁。

稲垣正浩、谷釜了正編著（一九九五）『スポーツ史講義』大修館書店。

ディヴィッド・ウィギンズ（二〇一〇）『ニーズ・価値・真理：ウィギンズ倫理学論文集（双書現代倫理学）』大庭健、奥田太郎訳、勁草書房。

ルートヴィヒ・ウィトゲンシュタイン（一九七六）『ウィトゲンシュタイン全集　8』藤本隆志訳、大修館書店。

イマニュエル・ウォーラーステイン（二〇〇六）『近代世界システムⅠ』川北稔訳、岩波モダンクラッシックス。

イマニュエル・ウォーラーステイン（二〇〇六）『近代世界システムⅡ』川北稔訳、岩波モダンクラッシックス。

グレン・M・ウォン、川井圭司（二〇一二）『スポーツビジネスの法と文化』成文堂。

小笠原正、塩野宏、松尾浩也 編集代表『スポーツ六法　二〇〇九』信山社。

小笠原博毅、山本敦久ほか編著（二〇一六）『反東京オリンピック宣言』航思社。

小田切毅一（一九八二）『アメリカスポーツの文化史』不昧堂出版。

小田切毅一（一九八二）「『スポート』の名辞に関する歴史的考察―アメリカのスポーツの歴史的展開に連動して―」『日本体育学研究　第27巻　第4号』二七一―二七九頁。

小野充人（二〇〇一）「第4章 アラブ首長国連邦：経済の動向と日本企業の進出」『アジ研トピックリポート40 原油価格変動下の湾岸産油国情勢』日本貿易振興会アジア経済研究所、五一―六五頁。

リチャード・D・オールティック（一九九八）『ヴィクトリア朝の人と思想』要田圭治、大嶋浩、田中孝信訳、音羽書房鶴見書店。

片岡暁夫（二〇〇八）「体育・スポーツ哲学の成立事情、および、これからの研究課題の展望」『体育・スポーツ哲学研究 第30巻 第2号』七七―八三頁。

加藤尚武（一九九七）『現代倫理学入門』 講談社学術文庫。

門倉貴史（二〇〇八）『イスラム金融入門 世界マネーの新潮流』 幻冬舎新書。

金子明友（二〇〇九）『スポーツ運動学―身体知の分析論―』 明和出版。

萱野稔人（二〇〇五）『国家とはなにか』 以文社。

イマヌエル・カント（二〇一〇）『純粋理性批判 1』 中山元訳、光文社古典新訳文庫。

イマヌエル・カント（二〇一〇）『純粋理性批判 2』 中山元訳、光文社古典新訳文庫。

イマヌエル・カント（二〇一〇）『純粋理性批判 3』 中山元訳、光文社古典新訳文庫。

イマヌエル・カント（二〇一一）『純粋理性批判 4』 中山元訳、光文社古典新訳文庫。

イマヌエル・カント（二〇一一）『純粋理性批判 5』 中山元訳、光文社古典新訳文庫。

イマヌエル・カント（二〇一一）『純粋理性批判 6』 中山元訳、光文社古典新訳文庫。

イマヌエル・カント（二〇一二）『純粋理性批判 7』 中山元訳、光文社古典新訳文庫。

イマヌエル・カント（二〇一三）『実践理性批判 1』 中山元訳、光文社古典新訳文庫。

イマヌエル・カント（二〇一三）『実践理性批判 2』 中山元訳、光文社古典新訳文庫。

イマヌエル・カント（二〇〇六）『永遠平和のために／啓蒙とは何か 他3編』 中山元訳、光文社古典新訳文庫。

川井圭司（二〇〇三）『プロスポーツ選手の法的地位』 成文堂。

川谷茂樹（二〇〇五）『スポーツ倫理学講義』 ナカニシヤ出版。

工藤和男（二〇一〇）『改訂版　いのちとすまいの倫理学』晃洋書房。

工藤和男（二〇〇六）『くらしとつながりの倫理学』晃洋書房。

工藤和男（二〇一七）「人間の尊厳と正義」『同志社大学哲学年報 40』一―二四頁。

工藤和男（二〇〇一）『フッサール現象学の理路―「デカルト的省察」研究』晃洋書房。

工藤和男（二〇一五）「理性の近代を問う理性―超克されるべきは何か―」『同志社大学哲学年報 38』一―一八頁。

久保正秋（二〇一〇）『体育・スポーツの哲学的見方』東海大学出版会。

久保谷友哉（二〇一四）「イングリッシュ・プレミアリーグにおける スポンサー業種の変遷」早稲田大学大学院スポーツ科学研究科スポーツ科学専攻スポーツビジネス研究領域　修士論文。

熊野純彦（二〇〇六）『西洋哲学史　古代から中世へ』岩波新書。

熊野純彦（二〇〇六）『西洋哲学史　近代から現代へ』岩波新書。

熊野純彦（二〇〇四）『戦後思想の一断面―哲学者廣松渉の軌跡―』ナカニシヤ出版。

熊野純彦（二〇〇七）『レヴィナス―移ろいゆくものへの視線』岩波文庫。

ニック・クロスリー（二〇〇三）『間主観性と公共性―社会生成の現場』西原和久訳、新泉社。

アレン・グットマン（一九九七）『スポーツと帝国―近代スポーツと文化帝国主義―』谷川稔・石井昌幸・池田恵子・石井芳枝訳、昭和堂。

齋藤純（二〇一四）「湾岸諸国・経済―アブダビ金融部門における「経済ヴィジョン二〇三〇」の進展状況（中東政治経済レポート）」『中東レビュー　1』日本貿易振興機構アジア経済研究所　一八―二一頁。

齋藤純一（二〇〇〇）『公共性（思考のフロンティア）』岩波書店。

佐伯啓思（二〇〇〇）『貨幣・欲望・資本主義』新書館。

佐伯啓思（二〇一五）『さらば、資本主義』新潮新書。

佐伯啓思（二〇一四『西田幾多郎　無私の思想と日本人』新潮新書。

佐伯啓思（二〇一五）『20世紀とは何だったのか　西洋の没落とグローバリズム』ＰＨＰ文庫。

佐伯啓思（二〇一五）『日本の愛国心―序説的考察』中公文庫。

佐伯啓思（一九九三）『「欲望」と資本主義―終わりなき拡張の論理』講談社現代新書。

作田啓一（一九七二）『価値の社会学』岩波書店。

佐々木閑、宮崎哲弥（二〇一七）『ごまかさない仏教　仏・法・僧から問い直す』新潮選書。

佐々木閑（二〇一七）『集中講義　大乗仏教　こうしてブッダの教えは変容した　別冊ＮＨＫ100分de名著』ＮＨＫ出版。

佐藤臣彦（一九九三）『身体教育を哲学する』北樹出版。

ジャン・ポール・サルトル（一九九四）『存在と無　Ⅰ』松浪信三郎訳、ちくま学芸文庫。

ジャン・ポール・サルトル（一九九四）『存在と無　Ⅱ』松浪信三郎訳、ちくま学芸文庫。

ジャン・ポール・サルトル（一九九四）『存在と無　Ⅲ』松浪信三郎訳、ちくま学芸文庫。

マイケル・サンデル（二〇一〇）『これからの「正義」の話をしよう　いまを生き延びるための哲学』鬼澤忍訳、早川書房。

マイケル・サンデル（二〇一一）『公共哲学　政治における道徳を考える』鬼澤忍訳、ちくま学芸文庫。

鈴木秀人（二〇〇二）『変貌する英国パブリックスクール―スポーツ教育から見た現在』 世界思想社。

島田哲夫（二〇〇七）『新発想「日本型市民スポーツクラブの創り方」』 ぶんか社。

バールーフ・デ・スピノザ（一九五一）『エチカ （上）』 畠中尚志訳、岩波文庫。

バールーフ・デ・スピノザ（一九五一）『エチカ （下）』 畠中尚志訳、岩波文庫。

関根正美（一九九九）『スポーツの哲学的研究：ハンス・レンクの達成思想』 不昧堂出版。

トーマス・セドラチェク（二〇一五）『善と悪の経済学』 村井章子訳、東洋経済新報社。

フェラン・ソリアーノ（二〇〇九）『ゴールは偶然の産物ではない　FCバルセロナ流世界最強マネジメント』 グリーン裕実訳、アチーブメント出版。

アンドリュー・ジンバリスト（二〇一六）『オリンピック経済幻想論』 田端優訳、ブックマン社。

ヴェルナー・ゾンバルト（一九九〇）『ブルジョワ　近代経済人の精神史』 金森誠也訳、中央公論社。

高橋幸一（一九八八）「Aristoteles における身体修練と強制食事」『スポーツ史研究　Vol.1』、九―一六頁。

高橋幸一（一九九二）「古代ギリシア・ローマのスポーツに関する研究動向：Ⅰギリシア」『スポーツ史研究　Vol.5』三七―四二頁。

高橋幸一（一九九三）「古代ギリシア・ローマのスポーツに関する研究動向：Ⅱローマ」『スポーツ史研究　Vol.6』四一―四七頁。

高橋幸一（一九九八）「古代世界におけるスポーツ」『スポーツ史研究　Vol.11』一―一五頁。

高橋幸一（一九八九）「Platon における体操術と魂」『スポーツ史研究　Vol.2』三五―三八頁。

瀧澤文雄（一九九五）『身体の論理』 不昧堂出版。

竹村瑞穂（二〇〇九）「『他者による身体所有』としてのドーピング問題」『体育・スポーツ哲学研究　第31巻　第2号』九五―一〇七頁。

谷徹（一九九八）『意識の自然　現象学の可能性を拓く』　勁草書房。

谷徹（二〇〇二）『これが現象学だ』　講談社現代新書。

田端信廣（二〇一五）『ラインホルト哲学研究序説』　萌書房。

月嶋紘之（二〇〇八）「イングランドにおける「フットボール観客法　一九八九」の成立に関する一考察：「フーリガン」を巡る「法的暴力」の実態」『スポーツ史研究　第21号』一―一四頁。

鶴見俊輔（二〇〇八）『アメリカ哲学』　こぶし文庫。

友添秀則、岡出美則（二〇一六）『教養としての体育原理　新版―現代の体育・スポーツを考えるために』　大修館書店。

友添秀則、近藤良享（二〇〇〇）『スポーツ倫理を問う』　大修館書店。

友添秀則（二〇〇八）「体育における人間形成に関する研究」　早稲田大学人間科学研究科　博士（人間科学）学位論文。

友添秀則編（二〇〇八）『中村敏雄著作集　第5巻　スポーツのルール学』　創文企画。

友添秀則編（二〇〇八）『中村敏雄著作集　第6巻　スポーツの比較文化学』　創文企画。

友添秀則編（二〇〇八）『中村敏雄著作集　第7巻　スポーツの思想』　創文企画。

友添秀則編（二〇〇九）『中村敏雄著作集　第8巻　フットボールの文化論』　創文企画。

レイモン・トマ（一九九三）『新版　スポーツの歴史』　倉持不三也訳、白水社。

ドナルド・ディヴィドソン（二〇一〇）『真理・言語・歴史（現代哲学への招待 Great Works）』　柏端

達也、立花幸司訳、春秋社。

ノーマン・デイヴィス（二〇〇〇）『ヨーロッパ Ⅰ 古代』別宮貞徳訳、共同通信社。

ノーマン・デイヴィス（二〇〇〇）『ヨーロッパ Ⅱ 中世』別宮貞徳訳、共同通信社。

ノーマン・デイヴィス（二〇〇〇）『ヨーロッパ Ⅲ 近世』別宮貞徳訳、共同通信社。

ノーマン・デイヴィス（二〇〇〇）『ヨーロッパ Ⅳ 現代』別宮貞徳訳、共同通信社。

ジャック・デリダ（二〇〇六）『他者の言語―デリダの日本講演』高橋允昭訳、叢書・ウニベルシタス。

ジャック・デリダ（二〇一四）『哲学への権利Ⅰ』西山雄二、立花史、馬場智一共訳、みすず書房。

シェリル・ベルクマン・ドゥルー（二〇一二）『スポーツ哲学の入門　スポーツの本質と倫理的諸問題』川谷茂樹訳、ナカニシヤ出版。

ジル・ドゥルーズ（一九九二）『差異と反復』財津理訳、河出書房新社。

ジル・ドゥルーズ、フェリックス・ガタリ（二〇一二）『哲学とは何か』財津理訳、河出文庫。

ピーター・F・ドラッカー（二〇〇一）『マネジメント［エッセンシャル版］―基本と原則』上田惇生訳、ダイヤモンド社。

中江桂子（二〇〇六）「スポーツマンシップの起源」『スポーツ社会学研究 Vol.14』四七―五八頁。

長岡慎介（二〇一〇）「第3章 中東アラブ諸国における民間部門の発展の歴史的沿革」『中東アラブ諸国における民間部門の発展』日本貿易振興機構アジア経済研究所、一〇七―一三四頁。

中津孝司（二〇〇八）「国富ファンド（SWF）の台頭と日本」『大阪商業大学論集 4-1』、一一五―一三一頁。

仲正昌樹（二〇一五）『ハイデガー哲学入門―《存在と時間》を読む』講談社現代新書。

中村敏雄／高橋健夫／寒川恒夫／友添秀則　編集主幹（二〇一五）『21世紀スポーツ大事典』　大修館書店。

トマス・ネーゲル（二〇一五）『理性の権利』　大辻正晴訳、春秋社。

トマス・ネーゲル（一九九三）『哲学ってどんなこと？―とっても短い哲学入門』　岡本裕一朗訳、昭和堂。

西崎信男（二〇一〇）「プロ・スポーツクラブへのファンの経営参加：英国サポータートラストの仕組み・意義」『スポーツ産業学研究　第20巻　第1号』五三―六四頁。

西崎信男（二〇一五）「クラブ株式上場によるサッカークラブのガバナンス―マンチェスターユナイテッド」『スポーツ産業学研究　第25巻　第1号』四九―五九頁。

アントニオ・ネグリ、マイケル・ハート（二〇〇三）『〈帝国〉―グローバル化の世界秩序とマルチチュードの可能性』　水嶋一憲、酒井隆史、浜邦彦、吉田俊美訳、以文社。

野矢茂樹（二〇一一）『語りえぬものを語る』　講談社。

野矢茂樹（二〇一六）『心という難問―空間・身体・意味』　講談社。

野矢茂樹（二〇一二）『心と他者』　中央公論新社。

マルティン・ハイデッガー（一九九四）『存在と時間　上』　細谷貞雄訳、ちくま学芸文庫。

マルティン・ハイデッガー（一九九四）『存在と時間　下』　細谷貞雄訳、ちくま学芸文庫。

マルティン・ハイデッガー（一九七四）『哲学とは何か』　原佑訳、理想社。

ユルゲン・ハーバーマス（一九七三）『公共性の構造転換―市民社会の一カテゴリーについての探求』　細谷貞雄、山田正行訳、未來社。

原田宗彦（二〇〇三）『スポーツ産業論入門　第3版』　杏林書院。

早川武彦（二〇〇〇）「テレビの放映権料高騰と放送・通信業界の再編」『研究年報』　一橋大学体育共同

研究室、三〇―四一頁。

樋口聡（一九八七）『スポーツの美学』不昧堂出版。

樋口聡（一九八七）『遊戯する身体　スポーツ美・批評の諸問題』不昧堂出版。

広瀬一郎（二〇〇五）『スポーツマンシップを考える』小学館。

広瀬一郎（二〇〇五）『スポーツ・マネジメント入門』東洋経済新報社。

広瀬一郎（二〇一〇）『スポーツマーケティングを学ぶ』創文企画。

廣松渉（二〇一七）『世界の共同主観的存在構造』岩波文庫。

廣松渉（二〇〇八）『身心問題』青土社。

福岡伸一（二〇〇七）『生物と無生物のあいだ』講談社現代新書。

エトムント・フッサール（一九七九）『イデーンⅠ―Ⅰ』渡辺二郎訳、みすず書房。

エトムント・フッサール（一九八四）『イデーンⅠ―Ⅱ』渡辺二郎訳、みすず書房。

エトムント・フッサール（二〇〇一）『イデーンⅡ―Ⅰ』立松弘孝、別所良美共訳、みすず書房。

エトムント・フッサール（二〇〇九）『イデーンⅡ―Ⅱ』立松弘孝、榊原哲也共訳、みすず書房。

エトムント・フッサール（二〇〇九）『イデーンⅢ』渡辺二郎、千田義光共訳、みすず書房。

エトムント・フッサール（二〇一二）『間主観性の現象学　その方法』浜渦辰二訳、ちくま学芸文庫。

エトムント・フッサール（二〇〇一）『デカルト的省察』浜渦辰二訳、岩波文庫。

エトムント・フッサール（二〇一六）『内的時間意識の現象学』谷徹訳、ちくま学芸文庫。

エトムント・フッサール（一九九五）『ヨーロッパ諸学の危機と超越論的現象学』細谷恒夫、木田　元訳、中公文庫。

ジークムント・フロイト（二〇〇八）『人はなぜ戦争をするのか　エロスとタナトス』中山元訳、光文社古典新訳文庫。

W・フレイリー（一九八九）『スポーツモラル』近藤良享、友添秀則、浜口義信、漆原光徳共訳、不昧堂出版。

G・W・F・ヘーゲル（一九九八）『精神現象学』長谷川宏訳、作品社。

オイゲン・ヘリゲル（二〇一五）『新訳　弓と禅』魚住孝至訳、角川ソフィア文庫。

寳學淳郎（二〇〇八）「旧東ドイツスポーツ関係者が語る東ドイツスポーツ」『スポーツ史研究　第21巻』四三―五五頁。

寳學淳郎（二〇一二）「旧東ドイツスポーツ関係者の言説」『体育史研究　第29巻』一九―三〇頁。

マルティン・ブーバー（一九七八）『我と汝／対話』田口義弘訳、みすず書房。

フェルナン・ブローデル（二〇〇九）『歴史入門』金塚貞文訳、中公文庫。

ジュールズ・ボイコフ（二〇一八）『オリンピック秘史《ひし》　一二〇年の覇権と利権』中島由華訳、早川書房。

カール・R・ポパー（一九八二）『推測と反駁』藤本隆志訳、叢書・ウニベルシタス。

アミン・マアルーフ（二〇〇三）『アラブが見た十字軍』牟田口義郎、新川雅子訳、ちくま学芸文庫。

カール・マルクス（二〇一一）『資本論　経済学批判　第1巻Ⅰ』中山元訳、日経BP社。

カール・マルクス（二〇一二）『資本論　経済学批判　第1巻Ⅱ』中山元訳、日経BP社。

カール・マルクス（二〇一二）『資本論　経済学批判　第1巻Ⅲ』中山元訳、日経BP社。

カール・マルクス（二〇一二）『資本論　経済学批判　第1巻Ⅳ』中山元訳、日経BP社。

舛本直文、本間恵子（二〇一四）「無形のオリンピック・レガシーとしてのオリンピックの精神文化」

『体育・スポーツ哲学研究　第36巻　第2号』、九七―一〇七頁。

間野義之（二〇一三）『オリンピック・レガシー　二〇二〇年東京をこう変える』ポプラ社。

三木谷浩史、三木谷良一（二〇一三）『競争力』講談社。

見田宗介（一九六六）『価値意識の理論　欲望と道徳の社会学』弘文堂。

宮内亮吉（二〇〇九）「イングランド・フットボールにおける担い手の変遷史における一考察」早稲田大学大学院スポーツ科学研究科スポーツ科学専攻スポーツ文化研究領域　修士論文。

村岡健次・木畑洋一編（一九九一）『世界歴史大系　イギリス史 3―近現代』山川出版社。

吉田竜司（二〇〇七）「全座席化と消費空間化：イギリスのサッカー観戦環境をめぐる国家と市場の結合」『龍谷大学国際社会文化研究所紀要　第9号』、二五一―二六三頁。

ベンジャミン・G・レイダー（一九八七）『20世紀アメリカスポーツの軌跡　スペクテータースポーツ』川口智久監訳、平井肇訳、大修館書店。

エマニュエル・レヴィナス（二〇一〇）『神・死・時間』合田正人訳、叢書・ウニベルシタス。

エマニュエル・レヴィナス（一九九九）『存在の彼方へ』合田正人訳、講談社学術文庫。

エマニュエル・レヴィナス（一九八六）『時間と他者』原田佳彦訳、叢書・ウニベルシタス。

エマニュエル・レヴィナス（二〇〇五）『全体性と無限（上）』熊野哲彦訳、岩波書店。

エマニュエル・レヴィナス（二〇〇六）『全体性と無限（下）』熊野哲彦訳、岩波書店。

エマニュエル・レヴィナス（一九九三）『われわれのあいだで』合田正人、谷口博史訳、叢書・ウニベルシタス。

カール・レーヴィット（二〇〇八）『共同存在の現象学』熊野哲彦訳、岩波文庫。

フレデリック・ロルドン（二〇一二）『なぜ私たちは、喜んで〝資本主義の奴隷〟になるのか？ 新自由主義における欲望と隷属』 杉村昌昭訳、作品社。

フレデリック・ロルドン（二〇一六）『私たちの〝感情〟と〝欲望〟は、いかに資本主義に偽造されてるか？ 新自由主義社会における〈感情の構造〉』 杉村昌昭訳、作品社。

ジョン・ロールズ（二〇一〇）『正義論』川本隆史、福間聡、神島裕子訳、紀伊國屋書店。

ポール・ワイス（一九八五）『スポーツとはなにか』 片岡暁夫訳、不昧堂出版。

脇田泰子（二〇一二）「スポーツ放送の発展とユニバーサル・アクセス権」『メディアと社会 第4号』 名古屋大学大学院国際言語文化研究科、一五一―四四頁。

和辻哲郎（二〇〇七）『倫理学（一）』 岩波文庫。

和辻哲郎（二〇〇七）『倫理学（二）』 岩波文庫。

和辻哲郎（二〇〇七）『倫理学（三）』 岩波文庫。

和辻哲郎（二〇〇七）『倫理学（四）』 岩波文庫。

IOC（二〇一六）「IOC倫理規定 二〇一六」（ETHICS）。

IOC（二〇一四）「オリンピック・アジェンダ二〇二〇 20＋20提言」（OLYMPIC AGENDA 2020 20+20 RECOMMENDATIONS）。

IOC（二〇一七）「オリンピック憲章」（OLYPIC CHARTER）。

IOC（二〇一三）「OLYPIC LEGACY」。

Lisa P. Masteralexis、Carol A. Barr Mary、A.Hurs（二〇一五）『Principles and Practice of SPORT

MANAGEMENT fifth edition』 JONES & BARTLETT LEARNING。

著者

島田哲夫（しまだ・てつお）

スポーツ哲学研究者。1962年生まれ。同志社大学文学部（哲学・倫理学専攻）卒業後、出版社、広告会社、国内外合計15のプロサッカークラブのマーケティング、経営業務に従事。兵庫教育大学大学院修士課程修了、大学教員を経て現在に至る。著書『新発想「日本型市民スポーツクラブ」の創り方―市民遺産としての省察』（ぶんか社、2007年）。

スポーツ哲学入門――オリンピック・レガシーのために

2018年6月30日　初版第1刷発行
2020年8月30日　初版第2刷発行

著　者　島田哲夫

発行者　森下紀夫

発行所　論創社

東京都千代田区神田神保町2-23　北井ビル
tel. 03（3264）5254　fax. 03（3264）5232
web. http://www.ronso.co.jp/
振替口座　00160-1-155266

装幀／奥定泰之

組版／ロン企画

印刷・製本／中央精版印刷

ISBN978-4-8460-1736-1　